20 Jahre
Kia in Deutschland

Inhalt

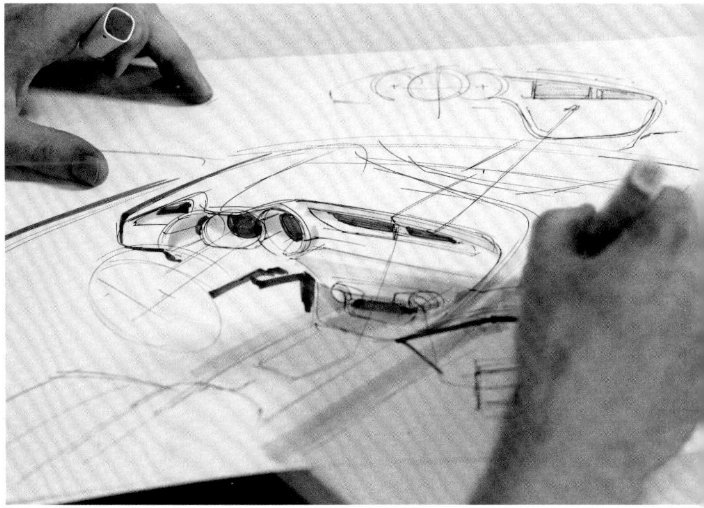

The Power to Surprise

20 Jahre Kia in Deutschland heißt: 20 Jahre Kia auf dem härtesten Automarkt der Welt. Der Aufstieg von Kia in den letzten zwei Jahrzehnten ist nahezu unbeschreiblich. Noch nie zuvor hat sich eine Automarke derart schnell und nachhaltig auf dem deutschen Markt etablieren können.

Was mit asiengeneigten Modellen wie dem Sephia, einem Pride oder der ersten Sportage-Generation noch klein begonnen hatte, wurde im Laufe von 20 Jahren zu einem einzigartigen Erfolg. Die koreanische Marke brachte mit ihrem Ehrgeiz, ihrer Leidenschaft und ihrer Schnelligkeit eine bisher nicht gekannte Dynamik in den Markt. Dabei ist der aktuelle Marken-Slogan „The Power to Surprise" für Kia weit mehr als ein Marken-Claim, um Kunden zu begeistern. „The Power to Surprise" drückt die Philosophie der Marke perfekt aus.

Die Übernahme durch die Hyundai Motor Group war 1998 eine große Herausforderung. Doch das machte Kia stärker als je zuvor. Die Marke hat dabei insbesondere in den vergangenen zehn Jahren eine Entwicklung gezeigt, die ihresgleichen sucht. Das Kia-Modellprogramm wurde entsprechend der Kundenwünsche ausgebaut und gehört zu einem der jüngsten überhaupt. Peter Schreyer, seit 2006 Chefdesigner, gab der Marke Kia nicht nur durch die so genannte „Tigernose" ein völlig neues Gesicht. Es ist längst schick und cool einen Kia zu fahren.

Kia verfolgt seit Jahren einen Anspruch an Qualität und Perfektionismus, den man sonst allenfalls von jahrzehntelang etablierten deutschen Premiumherstellern kennt, und hat sich längst zu einem Automobilhersteller entwickelt, an dem kaum ein Kunde vorbeikommt. Dabei setzt Kia nicht auf schnelle Erfolge in einzelnen Segmenten, sondern auf ein breites, langfristiges qualitatives Wachstum über alle Bereiche hinweg. Wichtiger denn je sind zum einen emotionale und technisch ausgereifte Produkte und zum anderen ein Vertrieb und eine Händlerschaft, die diese Fahrzeuge in den Markt und somit zu jedem einzelnen Kunden bringt. Heute sind die Händler größer, moderner und erfolgreicher. Der Kia-Markenauftritt und ein exzellenter Service sind in Verbindung mit einem ausgewogenen Modellprogramm wichtige Bausteine für eine anhaltende Kundenzufriedenheit und Markentreue.

Neben der Konzentration auf ein professionelles Händlernetz und emotionales Design hat sich das 7-Jahre-Qualitätsversprechen zu einem wichtigen Standbein für den Kia-Erfolg in Deutschland entwickelt. Die Formel ist besonders einfach: Wer sich einen Kia kauft, muss sich sieben Jahre keine Sorgen um sein Auto machen. Dieses Versprechen stärkt zudem auch die Kia-Modelle auf dem Gebrauchtwagenmarkt.

In den letzten 20 Jahren hat Kia in Deutschland viel bewegt und viel erlebt. Diese Erfolgsgeschichte wird in den nächsten Jahrzehnten fortgeschrieben. Die Kunden von heute und morgen dürfen sich auf zunehmend emotionale Produkte freuen, wie die Studien Kia Provo oder Kia GT bereits gezeigt haben. Das alles bei der bekannten Kia-Liebe zum Detail sowie Emotion und Leidenschaft für das Automobil.

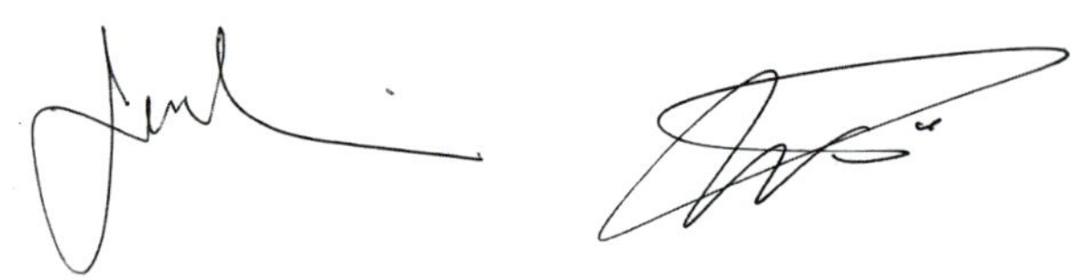

Jin Ha Kim
Präsident und CEO

Martin van Vugt
Geschäftsführer und COO

von Kia Motors Deutschland GmbH

01

Kia International

Sieben Jahrzehnte Bewegung

In Deutschland begann die Kia-Geschichte erst im Jahre 1993. Doch in Asien und speziell in Korea ist der Konzern seit mehr als 50 Jahren eine große Nummer. Gegründet wurde er 1944 von Chul-Ho Kim.

Ähnlich wie andere Autohersteller begann der Kia-Konzern nicht mit der Produktion von PKW, sondern baute zunächst Fahrräder und Fahrradteile. Zweiräder waren in Korea wie in ganz Asien ein einträgliches Geschäft; während die Bevölkerung in den USA und Europa nach dem Zweiten Weltkrieg bereits auf den schneller werdenden Autozug aufsprang, gingen die Uhren auf dem größten Kontinent der Erde anders. Hier hatte Mitte des vergangenen Jahrhunderts kaum jemand ein eigenes Auto, und so war das Fahrrad das mit Abstand beliebteste Fortbewegungsmittel.

Nachdem die Fertigung von Fahrradteilen im Laufe der 50er-Jahre auf komplette Fahrräder umgestellt worden war, stieg in Korea insbesondere die Nachfrage nach Nutzfahrzeugen. Deshalb kombinierte Kia beide Bereiche und brachte 1962 ein dreirädriges Nutzfahrzeug mit Benzinmotor vom Typ K-360 auf den lokalen Markt. Ende der 60er-Jahre kamen erste Kleintransporter und Lastwagen hinzu, die insbesondere von der Armee nachgefragt wurden.

In Südkorea selbst gab es bis in die 70er-Jahre hinein keine eigene Autoproduktion. Der erste überhaupt produzierte PKW war im Jahre 1974 der Brisa, der Kia zum lokalen Automobilpionier aufsteigen ließ. Zwei Monate zuvor war das Kia-Werk Sohari eröffnet worden. „Damals war das meiste von der Regierung gesteuert", rekapituliert Michael Choo, bei Kia verantwortlich für die internationale Kommunikation. „Vor den Siebzigern gab es in Korea fast keine Autos. Korea war ein sehr armes Land."

Schnell wurden auch eigene Benzin- und Dieselmotoren entwickelt. Um das dünne Modellangebot auszudehnen und Fahrzeuge für alle Kundengruppen herstellen zu können, ging Kia in den 70er-Jahren Kooperationen mit verschiedenen europäischen und japanischen Autoherstellern ein. So kam es zum Beispiel zu Lizenznachbauten von Mittel- und Oberklasselimousinen wie dem Fiat 132 Mirafiori und dem großen Peugeot 604. Beachtlicher waren die Konzernerfolge jedoch bei den Nutzfahrzeugen, wo Kia im Laufe des Jahrzehntewechsels zum koreanischen Klassenprimus aufstieg. Mit großem Erfolg produzierte man fortan Kleintransporter, Pritschenwagen, LKW und Busse verschiedenster Größen.

Parallel zu den Nutzfahrzeugen sollte das Geschäft mit Personenkraftwagen nachhaltig ausgebaut werden. Um schneller zu wachsen und entsprechende Erfolge vorweisen zu können, stieg Kia in eine weit angelegte Kooperation mit Mazda Motors und der Ford Motor Company ein. Das Erstlingswerk wurde der Kia Pride, der ein koreanischer Lizenznachbau des Mazda 121 war. Wohl wissend um die Chancen und Gefahren solcher Nachbauten, entschied die Konzernführung, sich parallel zur Produktion von Nutzfahrzeugen und Lizenzbauten um die Entwicklung von eigenen PKW zu bemühen. In der zweiten Hälfte der 80er-Jahre fiel die Entscheidung für eine Mittelklasselimousine. Zum Herbst des Jahres 1987 begann die Marke mit den drei Buchstaben mit der Entwicklung eines solchen Viertürers, der den Namen Sephia tragen sollte. Die Produktion erfolgte im Stammwerk Asan Bay. Da Automessen in Korea damals keine große Bedeutung hatten und der Sephia in erster Linie als Exportmodell eingeführt werden sollte, stellte Kia seine Limousine erstmals im Herbst 1991 auf der Tokio Motor Show der Öffentlichkeit vor.

Längst stand auch die Entscheidung fest, mit neuen Produkten nach Europa und in die USA zu gehen. Auf dem seinerzeit ebenso ertrag- wie imagereichen europäischen Fahrzeugmarkt wollte man die Eroberungsfahne zunächst in deutsche Landmasse stecken und entschied, sich über das lokale Lada-Importeurnetz zu positionieren. Offizieller Start des Engagements war im Frühjahr 1993, knapp ein halbes Jahr nach dem Start von Kia Motors America. Schon im Herbst 1993 rollten die ersten Sephias aus den Autotransportern in Bremerhaven.
Anfang 1997 geriet der Kia-Konzern durch die

Asienkrise in eine finanzielle Schieflage und wurde nach hartem Ringen und zwischenzeitlich staatlicher Zwangsverwaltung schließlich im Frühjahr 1999 von der Hyundai Business Group übernommen. Die Marke Kia Motors läuft seither unter eigenem Namen weiter, während sich über die Hälfte der Konzernaktien in den Händen des Mutterkonzerns Hyundai befinden. Die restlichen Kia-Anteile sind Streubesitz. Nach den schweren Zeiten zum Jahrhundertwechsel kam Kia jedoch wieder schnell auf die Beine. „In den letzten Jahren hatten Kia und Hyundai in der Heimat einen Marktanteil von über 70 Prozent", so Kommunikationsmanager Michael Choo, „bei Kia sind es in Korea aktuell 31 Prozent. Die weiteren Hauptmärkte sind USA und China."

Hierbei kommt dem SUV Sorento eine besondere Bedeutung zu. Er wurde Mitte 2002 zum Volltreffer und stellte selbst das Familiendoppel aus Carens und dem beliebten Carnival in den Schatten. „Es hat lange gedauert, bis die Marke Kia hier in der Region richtig bekannt wurde. In den ersten zehn Jahren war da nicht viel", erzählt Rainer Doll, seit 20 Jahren Kia-Händler an der Bergstraße nahe Frankfurt. Durch markentypische Designelemente grenzen sich die Schwestermarken Kia und Hyundai deshalb auch effektvoll voneinander ab. „Kias Zielgruppe ist tendenziell etwas jünger als die von Hyundai", sagt Autoanalyst Prof. Dr. Willi Diez. Bei Ausstattungsumfang und Preis sollen sich die Autos, die zum Teil auf der gleichen Plattform laufen, nicht unterscheiden. Beim Look — zum Beispiel Hexagon-Grill bei Hyundai, Tigernase bei Kia — und bei der Fahrwerksabstimmung dagegen umso mehr. Aus diesem internen Konkurrenzkampf beziehen beide Hersteller reichlich Energie, bestehen nebeneinander und sind in vielen Segmenten sogar Wettbewerber. „Kia erlebt in den USA ein nie da gewesenes Wachstum, angeführt vom Bestseller Sorento", freut sich Byung Mo Ahn, CEO von Kia Motors America. Die Koreaner haben weitere 100 Millionen US-Dollar in ihre Fabrik in West Point/Georgia investiert, um die Produktionskapazität von 300.000 Autos auf 360.000 Autos pro Jahr zu erhöhen. Hier läuft seit längerem neben dem Sorento der Mittelklasse-PKW Optima vom Band.

Zusammen mit Hyundai gelang es Kia, seine Strukturen bei Entwicklung und Produktion zu vereinfachen. „2002 hatten wir bei Hyundai und Kia 22 Plattformen", erklärt Soon-Nam Lee, verantwortlich für Produkte und Marketing der Überseemärkte. „2009 waren es noch 18 und Ende 2013 werden wir nur noch sechs Plattformen haben. Zeitgleich stieg die Zahl der unterschiedlichen Fahrzeuge von 28 auf 40." In den nächsten Jahren sollen sieben weitere hinzukommen. Die einzelnen Modelle sollen nicht mehr durch ein Facelift zur Laufzeitmitte, sondern durch zwei Produktaufwertungen, die nach zwei und vier Jahren kommen, an die Kundenbedürfnisse angepasst werden. „Der Kunde will häufiger etwas Neues", so Soon-Nam Lee weiter, „wir passen uns damit dem Markttrend an. Der Rio wird hierbei den Anfang machen. Alle zwei Jahre gibt es dann einen Mehrwert." Auch bei den Zulieferern werden Schritt für Schritt die Kosten gesenkt: Teilten sich die beiden Schwesterkonzerne zum gemeinsamen Start im Frühjahr 1999 nur knapp 20 Prozent der 740 Zulieferer, stieg der Anteil auf heute über 90 Prozent.

Das Kia-Werk in Zilina/Slowakei hat eine jährliche Produktionskapazität von 360.000 Einheiten. Michael Cole, Managing Director bei Kia Motors Europa, peilt mittelfristig 500.000 Verkäufe pro Jahr an. „Wir haben rund 2.000 Verkaufsstellen in Europa, was auch genügen sollte, um unser künftiges Wachstum zu unterstützen", so Cole. Seit zwei Jahren realisiert Kia zudem ein neues „Dealership Space Identity"-Projekt. Dabei geht es um standardisierte Verkaufsräume mit einheitlicher Corporate

Kia-Werk Zilina/Slowakei

Identity für eine höhere Kundenbindung und eine entspannte Atmosphäre beim Autokauf.

Die vier Kia-Werke in Südkorea haben zusammen eine Produktionskapazität von 1,6 Millionen Fahrzeugen, aufgeteilt in die Fabriken Sohari (Modelle Rio und Carnival/Sedona, 350.000 Einheiten), Hwasung (Cerato, Optima, Sorento, Borrego/Mohawe und Cadenza, 600.000 Einheiten), Gwangiu (Soul, Sportage, Carens/Rondo sowie Busse, Nutz- und Militärfahrzeuge, 462.000 Einheiten) und Seosan (Picanto). IHS-Analyst Christoph Stürmer sieht Kias Chancen vor allem im Bereich der SUV, Crossover und Minivans. Damit der Erfolg kein Strohfeuer bleibt, müssen viele Aspekte zusammenkommen: „Kia hat erst vor kurzer Zeit die Wahrnehmungsschwelle überschritten. Sie dürfen jetzt keine Fehler machen. Dem Wachstum muss auch Konsolidierung folgen, und sie müssen weiter Marktanteile gewinnen", so Stürmer. Kia-Präsident Hyoung-Keun Lee betrachtet den raketenartigen Aufstieg seines Unternehmens durchaus mit Vorsicht: „Es ist eine große Chance, aber auch ein Risiko", betont Lee.

Kia-Werk Hwasung

Kia-Werk Gwangiu

Nachdem der deutsche Chefdesigner Peter Schreyer ein paar Jahre im Hintergrund arbeitete und eine komplett neue Linie kreierte, sprießen mittlerweile die Blumen. Das Thema Erfolg steht und fällt bei Kia mit dem Design. „Wir müssen emotionaler werden", unterstreicht Peter Schreyer. Auf den aktuellen Kia Rio ist er besonders stolz: Exterieur aus Irvine, Interieur aus Frankfurt und das Finish made in Korea. „Bis vor fünf Jahren haben wir praktikable Fahrzeuge zu sehr günstigen Preisen angeboten. Das ist heute anders", unterstreicht Deutschland-Geschäftsführer Martin van Vugt. „Wir bieten heute ein preisgekröntes Design gepaart mit Funktionalität, hoher Ausstattung und jeder Menge Mehrwert. Und dazu ein bislang einzigartiges 7-Jahre-Kia-Qualitätsversprechen." Das Wachstum in Zentraleuropa kommt insbesondere durch die Modelle Picanto, Rio und cee'd zustande. Doch Kia blickt ebenso wie die meisten anderen Hersteller nach China. 2014 wird

„Wir beschäftigen uns mit der Serienumsetzung der Studien wie Track'ster und GT Concept sehr gründlich. Wir machen keine Designspielereien. Stattdessen wollen wir die Studien, die gut ankommen, auch als Serienprodukte bringen."

Thomas Oh,
Executive Vice President von Kia Motors

Fertigung in einer der hochmodernen Produktionsstätten in Zilina

dort ein drittes Werk in Betrieb genommen, das die Produktionskapazität auf insgesamt 740.000 Fahrzeuge steigert. Zuletzt stieg die Kia-Nachfrage in China um elf Prozent, etwas hinter den Märkten in den USA (plus 15 Prozent) und Europa (plus 20 Prozent).

In den nächsten Jahren will Kia noch dynamischer und sportlicher werden. „Wir beschäftigen uns mit der Serienumsetzung der Studien wie Track'ster und GT Concept sehr gründlich", unterstreicht Thomas Oh, Executive Vice President von Kia Motors. „Wir machen keine Designspielereien. Stattdessen wollen wir die Studien, die gut ankommen, auch als Serienprodukte bringen." Wie erfolgreich das ist, zeigt nicht nur die Autobranche selbst. Kia Motors stieg Ende 2012 erstmals in seiner Firmengeschichte unter die „Top 100 Best Global Brands" auf.

Heute ist die Hyundai Motor Group weltweit der fünftgrößte Hersteller mit 7,4 Millionen verkauften Fahrzeugen. Im Jahre 2012 hat Kia mehr als 2,7 Millionen Fahrzeuge in rund 150 Ländern verkauft; 340.000 Fahrzeuge davon in Europa. „Unter der insgesamt mehr als schwierigen Situation hatten wir mit vier Prozent plus einen guten Zuwachs", sagt Europachef Michael Cole zufrieden. In den ersten vier Monaten des Jahres 2013 gab es weltweit ein erneutes Plus von 3,1 Prozent. In Europa ist Kia Motors damit aktuell auf Platz acht der Zulassungsstatistik. Trotz einer zuletzt immer schwerer werdenden Marktsituation konnte der koreanische Hersteller seine Verkäufe zwischen 2008 und 2012 verdoppeln. Wie der Name Kia bereits sagt: „Der Aufstieg Asiens".

02

Kia in Deutschland

1993 bis 2013

So fing es an

Eine neue Automarke für Deutschland? Da schüttelten viele Anfang der 90er-Jahre nur ihren Kopf. Autohersteller gab es ebenso wie heute mehr als genug. Doch Kia versprach sich nicht zuletzt durch die Öffnung Osteuropas und das neu hinzugewonnene Ostdeutschland gute Absatzchancen im zentralen Europa.

Im April 1993 wurde der Vertrag über den Import von Kia-Fahrzeugen geschlossen. Die ersten Autos rollten ein halbes Jahr später, im Oktober 1993, über Bremerhaven in Deutschland ein. „Wir haben 1993 bereits 1.758 Autos an die ersten Kunden ausgeliefert", so seinerzeit der mittlerweile verstorbene Carl Dommermuth als damaliger Geschäftsführer der Deutsche Kia Automobil GmbH mit Sitz in Neu Wulmstorf. „Zum Jahresende hatten wir jedoch bereits mehr als 5.000 Bestellungen." Kia Deutschland, zunächst noch Hand in Hand mit Lada Deutschland tätig, mauserte sich schneller als von vielen erwartet. 1994 wurden rund 11.000 Autos in Deutschland verkauft. Dazu kamen 231 Einheiten des von Asia Motors produzierten Asia Rocsta. Somit kam Kia auf einen Marktanteil von insgesamt 0,35 Prozent. „Mit dieser Entwicklung waren wir sehr zufrieden, zumal wir dies überwiegend mit einem Fahrzeugmodell, dem Kia Sephia, geschafft haben", ergänzte Carl Dommermuth. Die Händlerschaft hatte Dommermuth aus dem seinerzeit bestehenden Lada-Händlernetz akquiriert. „Als ich im Februar 1993 eine Händlerreise nach Dubai gemacht habe, kam Carl Dommermuth abends zu mir und sagte, ich werde eine neue Marke vertreten", erzählt Josef Reckhaus, Kia-Händler der ersten Stunde aus der Nähe von Gütersloh. „Er hat nicht einmal gefragt, sondern einfach gesagt, dass ich es mache." Vor der untergehenden Wüstensonne von Dubai gaben sich die beiden den kaufmännischen Handschlag. Der Vertrag war besiegelt.

Das Kia-Portfolio wuchs Mitte der 90er-Jahre langsam, aber stetig. Nach dem Einzelkämpfer Kia Sephia, der in zwei Ausstattungsvarianten verfügbar war, kam zunächst der fünftürige Kia Sportage, der seinerzeit von Karmann in Osnabrück gebaut wurde. Ebenfalls mit einem Allradantrieb ausgestattet, komplettierte der Asia Rocsta das noch kleine Modellangebot, ehe im März 1994 auch der Kia Pride nach Deutschland kam. Der als drei- und fünftürige Version sowie später als Kombi erhältliche Stadtflitzer war ein Lizenzbau des Mazda 121, der von einem 1,3 Liter großen Vierzylinder und Leistungen ab 60 PS angetrieben wurde. Bei ihm machte der Preis die Musik: Schon bei 14.990 D-Mark ging es los. Mehr als ein Nebendarsteller wurde der Transporter Kia Besta, der mit 1,2 Tonnen Nutzlast und einem 2,2 Liter großen Turbodiesel Gewerbetreibende zu der Marke Kia locken sollte. Das Werbebudget war dabei zunächst bescheiden: 25 Millionen D-Mark in 1995, ergänzt um nochmals 9,2 Millionen D-Mark an verkaufsfördernden Maßnahmen.

1995 war das erste Entscheidungsjahr für Kia in Deutschland. Das lag weniger an den Neuauflagen des Kia Sephia, dem Clarus als Nachfolger des in Deutschland wenig bekannten Concord oder dem dreitürigen Kia Sportage, sondern vielmehr an der strikten Trennung der Marken Kia und Lada. Grund war die mehrheitliche Übernahme der Lada-Deutschland-Anteile durch die VAZ Automobilwerke Togliatti. Dies hatten die beiden Geschäftsführer Carl Dommermuth für die Deutsche Kia Automobil GmbH und Mikhail Mikhailov für die Euro Lada GmbH Hamburg auf der Messe Auto Mobil International in Leipzig 1995 verkündet. In der Firmenzentrale in Neu Wulmstorf arbeiteten seinerzeit 120 Personen.

Kia-Logo 1986—1993

Im Jahre 1995 bekam Kia Deutschland durch die Gründung von Kia Motors Europa einen großen Bruder. Auf dem deutschen Markt gab es 1995 unter Geschäftsführer Chul Sung-Chun insgesamt 491 Kia-Händler. Die Zahl der Neuzulassungen pro Händler lag bei 24,5 Fahrzeugen.

Die späten 90er

Hatte es in der ersten Hälfte der 90er-Jahre noch recht aussichtsreich für Kia in Deutschland begonnen, so verdüsterte sich der Himmel in der zweiten Hälfte des Jahrzehnts für die aufstrebende koreanische Marke.

Die Probleme waren dabei nicht die 13.291 PKW-Zulassungen des Jahres 1996, sondern die schlechte finanzielle Gesamtsituation des Kia-Konzerns in den Jahren 1996/1997. Zwar war der Fahrzeugbestand pro deutschem Händler 1996 mit knapp 80 Fahrzeugen rund dreimal so groß wie die Zahl der verkauften Autos im Jahre 1995; doch die Schwierigkeiten infolge der großen Asienkrise strömten aus der koreanischen Konzernzentrale Richtung Westen. In diesem Zusammenhang häufte sich im Zollhafen Bremerhaven ein Fahrzeugbestand von fast 15.000 Kia-Modellen an.

Aufgrund der finanziellen Schräglage plante die staatliche Korean Development Bank mit Sitz in Seoul, die Schulden der Kia-Gruppe in Aktien umzuwandeln, um so das Kapital aufzustocken und Mehrheitseigner an Kia zu werden. Während unter anderen der Samsung-Konzern vehementes Interesse an Kia Motors bekundete, konnte sich der Daewoo-Konzern eine Übernahme von Asia Motors vorstellen. Und um den ertragreichen Stahlproduzenten Kia Steel buhlten sowohl Hyundai als auch Daewoo. Letztlich machte die Hyundai Business Group das Rennen und übernahm Kia Motors komplett. Im Dezember 1998 wurde der Übergang von Kia zu Hyundai besiegelt; ab März 1999 nahm Kia dann offiziell in der Hyundai Group die Arbeit auf.

Im April 1997 zogen Kia Europe und Kia Deutschland GmbH mit dem Ersatzteillager der Kia Euro Parts GmbH in Bremen unter einem Dach zusammen. Aus der Hansestadt heraus wurden fortan nicht nur die rund 450 deutschen Kia-Händler, sondern auch die rund 40 europäischen Importeure mit Teilen versorgt. Die 22.000 Quadratmeter große Lagerhalle fasste rund 2,5 Millionen Ersatzteile. Ein modernes Hochregalsystem mit EDV-Steuerung ermöglichte erstmals einen Teileversand innerhalb von 24 Stunden. Die finanziellen Schwierigkeiten von Kia in Korea hatten auf die Verkaufszahlen in Deutschland keine nennenswerten Auswirkungen. In den Krisenjahren 1997 und 1998 ging der Absatz von PKW und LKW trotz neuer Modelle mit 15.818 und 14.986 Exemplaren kaum nennenswert zurück; die Zahl der deutschen Händler reduzierte sich um nicht einmal zehn Prozent von 470 auf 440. International sah es ganz anders aus: Hatte Kia Motors im Jahre 1997 in seinen Werken Asan Bay I und Asan Bay II sowie dem Werk Sohari noch 730.000 Fahrzeuge produziert, so waren es im Hauptkrisenjahr 1998 gerade einmal 460.000 Autos, die sich auf vielen Verladestellen zudem noch die Reifen plattstanden.

Kia-Zentrale Bremen (1999)

Im Jahre 1998 versuchte Kia Motors Deutschland gegen die schwierigen Vorzeichen aus Korea gegenzusteuern und startete die groß angelegte Kampagne „Fünf Jahre Kia in Deutschland" mit fünf neuen Modellen, fünf Jahren Garantie, 555 Kia-Partnern und einer 0,55-Prozent-Finanzierung. Neben der Zentrale von Kia Motors Deutschland und Kia Motors Europe in Bremen eröffnete im Jahre 1999 die Frankfurter Vertriebszentrale von Kia Motors Europe.

Die 2000er-Jahre

Anfang des neuen Jahrtausends beruhigte sich die Situation um Kia schneller als erwartet. Besonders groß waren die Erwartungen an den Geländewagen Sorento.

Die Nachfrage war gigantisch. Rainer Doll, seit 1993 Kia-Händler an der Bergstraße, erinnert sich: „Der erste Kia Sorento war enorm wichtig für die Marke. Damals haben die Leute hier wirklich Schlange gestanden." Die Kunden sahen in dem Sorento eine preiswerte Alternative zu den bekannten Luxus-SUV und hoben die Marke wie von Geisterhand nach oben. So drehte der Geländewagen das Markenimage fast über Nacht. Aus der einstigen Günstigmarke wurde gerade auf dem so umkämpften deutschen Markt auf einen Streich ein ernst zu nehmender Konkurrent — sogar für die Premiumhersteller. Der große Erfolg des Kia Sorento hatte jedoch auch seine Schattenseite. Die Produktion in Korea kam kaum nach, weil auch in den USA die Nachfrage nach dem neuen Crossover extrem stark anstieg. Die Folge waren erstmals in der Geschichte von Kia Deutschland und Kia Europa Lieferzeiten von über einem Jahr für einen Wunsch-Sorento.

„Damals haben die Leute hier wirklich Schlange gestanden."
Rainer Doll, Autohaus Doll

Mitte des Jahrzehnts startete Kia gerade in Deutschland durch. Pro Jahr sorgten Erfolgsmodelle wie Sportage, Picanto und Sorento für Zuwachsraten von jeweils über 30 Prozent. So stieg die Zahl der Zulassungen auf 50.000 Fahrzeuge in 2005. 2006 kam mit Peter Schreyer zudem ein neuer Chefdesigner zu Kia, der der koreanischen Marke ein charakteristisches Markengesicht, eine eigenständige DNA und ein neues Auftreten geben sollte. Nach schwierigen Jahren 2007 und 2008 ging es nach der Krise in der Automobilwirtschaft ab 2009 wieder steiler nach oben.

„Der cee'd mit seinem europäischen Bezug war ab 2006 für uns eine große Herausforderung", erinnert sich Jang-Won Sohn, ehemaliger Präsident von Kia

Kia Motors-Europazentrale in Eschborn bei Frankfurt (2005)

Kia Europa- und Deutschland-Zentrale in Frankfurt am Main (2013)

Deutschland, an seine Arbeit in Hessen zurück. „Es war eine spannende Zeit. Und man muss zugeben: Die Abwrackprämie hat uns 2009/2010 sehr geholfen, ins Gespräch zu kommen und Autos zu verkaufen." Der cee'd, entwickelt für Europa und produziert in Europa, wurde für Kia das zentrale Volumenmodell. Es entstand eine Modellfamilie im Kompaktsegment mit dem fünftürigen Kia cee'd, dem Kombi cee'd Sporty Wagon und dem dreitürigen pro_cee'd. Doch die Planungen gingen viel weiter. „Wir überlegen uns gerade, welches Segment wir neu erobern", erklärte Kia-Präsident Hyoung-Keun Lee 2011 bei einer Vorabpräsentation der zweiten cee'd-Generation. In Detroit, Nagoya oder Wolfsburg wusste man, dass das keine leere Drohung sein würde. Noch im gleichen Jahr präsentierten die Koreaner auf der IAA eine sportliche Coupé-Limousine mit Hinterradantrieb, den GT. Längst hatte man verstanden, dass es mit neuen Modellen allein nicht getan war. Mit dem Einfluss von Peter Schreyer wurde das Design der Marke neu definiert; zunehmend zog auch die Technik nach. Seither halten moderne Motoren und Assistenzsysteme bei den Modellen Einzug. Groß sind die Erwartungen an die in 2013 auf den Markt gekommenen GT-Versionen des Kia cee'd und des Kia pro_cee'd, die von einem 204 PS starken Turbobenziner angetrieben werden. Neben den bekannten Handschaltungen sollen zukünftig Doppelkupplungs- und Hightech-Automatikgetriebe überzeugen.

Es dürfte daher auch nur noch eine Frage der Zeit sein, bis Kia Modelle oberhalb des Kia Optima (der in seinem Heimatland K5 heißt) auch nach Europa bringt. Gerade feierte der Kia Cadenza in den USA seinen Marktstart. Im Jahr 2014 folgt mit der Luxuslimousine K9/Quoris ein noch größeres Modell, das sich auch in Europa nicht verstecken müsste.

Die weitreichende 7-Jahre-Kia-Herstellergarantie bleibt ein wichtiges Kaufargument und sichert den Kunden maximal ab. Wer sich für einen neuen Kia entscheidet, der bekommt von Kia Motors Deutschland seit Januar 2013 nicht nur die bekannte 7-Jahre-Kia-Herstellergarantie, sondern auch die 7-Jahre-Kia-Mobilitätsgarantie und bei einem werksseitig verbauten Navigationsgerät das 7-Jahre-Navigations-Update automatisch dazu. Optional kann man sich auch für eine 7-Jahre-Wartung inkl. aller Wartungsmaterialien (wie Öle und Filter) entscheiden. Dieses Rundum-Sorglos-Paket nennt Kia Motors in Deutschland das 7-Jahre-Kia-Qualitätsversprechen. Es ist damit das größte Qualitätsversprechen, das je eine Automarke auf dem deutschen Markt angeboten hat.

Im Jahre 2012 verkaufte Kia in Deutschland an seinen fast 600 Standorten knapp 55.000 Fahrzeuge. Bestseller im Programm war die cee'd-Familie mit fast 14.000 Fahrzeugen vor dem Kia Sportage mit 12.511 und dem Einstiegsmodell Kia Rio mit 10.159 Zulassungen. Während der deutsche Gesamtmarkt 2012 zurückging, verbuchte Kia ein Absatzplus von 30,3 Prozent — und war damit die am schnellsten wachsende Marke unter allen Herstellern mit mehr als 0,5 Prozent Marktanteil. Der Marktanteil stieg 2012 von 1,3 auf 1,8 Prozent. „Wir sind stolz darauf, dass wir trotz des rückläufigen Markttrends unser Ziel für 2012 erreicht haben und viele neue Kunden an unsere Marke binden konnten", sagt Martin van Vugt, Geschäftsführer (COO) von Kia Motors Deutschland.

03

Modellhistorie

Evolution der Kia-Fahrzeuge

Kia Sephia

Der Einsteiger

1. Generation: 1992 bis 1996
2. Generation: 1996 bis 1999

Nach den Vereinigten Staaten 1992 legte der aufstrebende koreanische Autohersteller Kia sein Augenmerk auf Europa und damit insbesondere auf Deutschland. Der Türöffner für den Eintritt in den ebenso großen wie anspruchsvollen Markt war 1993 der Kia Sephia.

Der Name war ein Akronym und stand für „Style", „elegant", „powerful", „Hightech", „ideal" und „Auto". Das Kompaktklassefahrzeug, das in England als Mentor verkauft wurde, basierte auf der Technik der Mazda 323-BG-Modellreihe und lief in dem 1990 errichteten Kia-Automobilwerk in Hwasung in Südkorea vom Band. In Deutschland war der 4,36 Meter lange Sephia beim Verkaufsstart nur als Stufenhecklimousine erhältlich. Auch wenn der Neuankömmling aus Südkorea anfangs mit einiger Skepsis beäugt wurde, entwickelte sich doch schnell eine Fangemeinde, die das attraktive Preis-Leistungs-Verhältnis guthieß. Für 21.990 D-Mark Basispreis gab es einen quirligen 1,6-Liter-Motor mit 80 PS und einer elektronisch geregelten Multipoint-Einspritzanlage. Die Garantie lief über drei Jahre (plus sechs Jahre gegen Durchrostung). Als Getriebe standen eine manuelle Fünfgangschaltung und eine Viergangautomatik zur Auswahl.

Im Spätsommer 1995 folgte eine Modellpflege, bei der vor allem der Innenraum überarbeitet wurde: Die Sitze bekamen eine straffere Polsterung und die Instrumententafel wurde übersichtlicher. Auch das Fahrwerk mit einer McPherson-Vorderachse und „Anti-Dive-Stabilisatoren" an der Hinterachse, die das zu starke Einknicken beim Bremsen verhindern sollten, wurde noch einmal verbessert. Die Kia-Ingenieure hielten schon damals die Fahne der Praktikabilität hoch. Deswegen gab es auch beim überarbeiteten Sephia eine Menge Ablagen — darunter auch Getränkehalter, die damals noch eine Seltenheit waren. Die Sicherheitssysteme waren ebenfalls topmodern: Neben der Verbesserung des Aufprallschutzes sorgten nun das optionale Vierkanal-Antiblockiersystem ABS und ein Doppel-Fullsize-Fahrerairbag für den Schutz der Passagiere. Schon damals setzte man im „Research and Development Center" in Seoul auf Simulationen in einem leistungsfähigen Supercomputer der US-Firma Cray, der bis zu 500 Millionen Informationen pro Sekunde verarbeiten konnte.

Ein knappes Jahr später folgte die Fließheckversion des frontgetriebenen Sephia. Mit 4,25 Meter war die sportlicher anmutende Variante des Kompaktwagens deutlich kürzer als die Stufenhecklimousine. Der Radstand blieb jedoch mit 2,50 Metern ebenso identisch wie (zunächst) der Motor. Später wurde mit dem 1,8-Liter-112-PS-Triebwerk noch eine Leistungsschippe drauf gelegt. Dieses Aggregat verrichtete seine Arbeit aber nur in der Schrägheckvariante. Das Sondermodell Kia Sephia Carat überzeugte mit einem attraktiven Ausstattungspaket noch einmal die Kunden, ehe die erste Kia-Modellreihe, die nach Deutschland kam und 1999 auslief, durch den etwas höher positionierten Shuma ersetzt wurde.

Asia Rocsta

Ein reinrassiger Geländewagen

1. Generation: 1990 bis 1999

Der Rocsta wurde von Asia Motors gebaut. Die Verlagerung der Produktion ergab durchaus Sinn: Die Kia-Schwester gehörte zu den führenden Herstellern von kleinen und großen Nutzfahrzeugen Asiens. Einer der Kunden der Spezialisten aus dem Kia-Konzern war die koreanische Armee. Auf Basis des Asia Jeeps KM 410, der für die Streitkräfte gebaut wurde, entstand der Asia Rocsta.

Die optische Ähnlichkeit zum Jeep Wrangler war durchaus erwünscht. Außerdem boomten Mitte der Neunziger die Jeeps: Die lange Motorhaube, das Soft-Top und der robuste Allradantrieb waren Attribute, die einen reinrassigen Offroader ausmachten. Doch der Rocsta ließ seinem brachialen Auftritt auch Taten folgen. Ein wirkungsvoller Allradantrieb und die manuelle Fünfgangschaltung garantierten, dass der Rocsta auch abseits befestigter Straßen wie ein echter Geländewagen auftrat: Mit einem starr zuschaltbaren Allradantrieb und einer Getriebeuntersetzung kam der Kia-Asia-Jeep dort weiter, wo andere Fahrzeuge bereits die Waffen strecken mussten. Die daraus resultierende Steigfähigkeit von 97 Prozent und die Wattiefe von 57 Zentimetern taten ihr Übriges.

Das Fahrgestell bestand aus einem Leiterrahmen, der aus zwei Längsprofilen und sechs Querträgern aufgebaut war. Die beiden Starrachsen hatten Blattfedern, vorne war noch ein Querstabilisator verbaut. Den Komfort verfeinerten Öldruckstoßdämpfer vorne und hinten, deren Federwegsbegrenzer jeweils mit zwei Schrauben am Rahmen befestigt waren. Bei aller Besinnung auf die Geländegängigkeit stand der Rocsta auch im Alltagsverkehr seinen Mann. Die „Süddeutsche Zeitung" attestierte dem 3,58 Meter langen Newcomer auf deutschen Straßen in der Stadt und beim Parken dank der optionalen Servolenkung eine „ausgezeichnete Figur". Auch auf Langstrecken schlug sich der Korea-Jeep beachtlich: Die Sitze waren einstellbar; wer größeres Gepäck transportieren musste, legte einfach die Rückbank um, und schon stieg das Kofferraumvolumen auf 470 Liter.

Für den im koreanischen Gwangju produzierten Rocsta standen zwei Motoren zur Verfügung: Ein 2,2-Liter-Diesel mit 61 PS und ein 1,8-Liter-Benziner mit 78 PS. Der Einstiegspreis für den Benziner betrug 24.990 D-Mark, der Diesel war 1.000 D-Mark teurer. Wer die DX-Variante wählte, bekam für 4.000 D-Mark Aufpreis unter anderem eine höhenverstellbare Lenksäule, eine Servolenkung und Alufelgen mit 235/75R15-Bereifung.

Kia Besta

Der Praktische

1. Generation: 1985 bis 1999

Robust, verlässlich und dazu noch günstig im Unterhalt: Solche Eigenschaften stehen jedem Automobil gut zu Gesicht. Wenn es sich dann noch um einen Kleintransporter handelt, sind diese Attribute so etwas wie der ultimative Ritterschlag. Muss doch ein solches Automobil jeden Tag seinen Mann stehen — bei Wind und Wetter, bei Schnee, Eis und Regen. Der Kia Besta entsprach genau diesen Anforderungen.

Die Zuladefähigkeit des unverwüstlichen Kleintransporters, der von Anfang an zum Kia-Produktportfolio in Deutschland gehörte, betrug 1.125 Kilogramm. Gepaart mit einem Ladevolumen von fünf Kubikmetern auf der ebenen Fläche waren auch große und sperrige Lasten kein Problem. Das Beladen geschah entweder durch die große Heckklappe oder über die seitliche Schiebetür. Letztere war so konzipiert, dass ohne Probleme vollbepackte Europaletten mit einem Gabelstapler be- und entladen werden konnten. Trotz der robusten Einsatzmöglichkeiten trug man bei der Konstruktion des Besta, die zusammen mit dem technischen Kooperationspartner Mazda über die Bühne ging, dem Komfort und der Sicherheit der Insassen Rechnung. Die Karosserie war selbsttragend und das Fahrwerk auf das Einsatzgebiet des Kleintransporters abgestimmt. Vorne sorgte eine Einzelradaufhängung mit Drehstabfedern und Stabilisatoren für Traktion und Spurtreue. Hinten verrichtete aufgrund der bisweilen schweren Ladung eine Starrachse an Blattfedern mit Teleskopstoßdämpfern diese Aufgabe.

Als Antrieb kam ein Vierzylinder-Dieselmotor mit 2,2 Litern Hubraum und einer Wirbelkammer zum Einsatz, der 65 PS leistete. Damit erreichte der Besta eine Höchstgeschwindigkeit von 115 km/h. Wie es damals bei Kia Standard war, hatte das variable Fahrzeug Heckantrieb und verfügte über eine Fünfgangschaltung. Bei einem vollbeladenen Kleintransporter, dessen zulässiges Gesamtgewicht bis zu 2,685 Tonnen betragen durfte, ist eine kräftig zupackende Verzögerung von immens hoher Bedeutung. Die Bremsanlage hatte einen lastabhängigen Bremskraftregler für die Hinterachse, an der selbstnachstellende Trommelbremsen verbaut waren. An der Vorderachse kamen innenbelüftete Scheibenbremsen zum Einsatz. Gesteuert wurde der Besta durch eine Zahnstangenlenkung mit Servounterstützung. Der Wendekreis von 9,2 Metern verhalf dem 4,68 Meter langen Kleintransporter zu einer Beweglichkeit, die es dem Fahrer erlaubte, das Fahrzeug auch durch enge Gassen zu manövrieren. Die Fahrerkabine bot Platz für drei Personen. Auf dem Dach konnten bis zu 75 Kilogramm schwere Gerätschaften (z.B. Leitern) transportiert werden. Auch das Mitführen eines Anhängers war vorgesehen: Dieser durfte bei ungebremsten Modellen bis zu 660 Kilogramm wiegen, bei den gebremsten Varianten waren es 1.550 Kilogramm. Dass die unverbindliche Preisempfehlung ab 23.990 D-Mark (20.860,87 D-Mark netto) lag, machte den Besta zum Kleintransporter mit dem besten Preis-Leistungs-Verhältnis auf dem deutschen Markt.

Kia Sportage

Der Beliebte

1. Generation: 1994 bis 2004
2. Generation: 2004 bis 2010
3. Generation: seit 2010

reddot design award
winner 2011

WINNER
AUTOMOTIVE BRAND CONTEST 2011

product design award
2011

Der Kia Sportage war ein Teil der Startpalette zum Auftakt von Kia Deutschland. Ab September 1994 war der Kompakt-SUV hierzulande erhältlich.

1995 gelang den Kia-Verantwortlichen ein geschickter Schachzug, der das Vertrauen der Kunden in den koreanischen Neuankömmling vergrößern sollte. Der Sportage wurde ab April im sogenannten CKD-Verfahren („Completely Knocked Down") beim renommierten Karosseriebauer Karmann gefertigt. Dabei wurden die Einzelteile aus Korea nach Norddeutschland verschifft und dann auf den Produktionsstraßen in Osnabrück zusammengesetzt. Konsequenterweise trug der Sportage fortan den Zusatz „made by Karmann". Diese Zusammenarbeit trug 1996 bereits Früchte und bescherte Kia einen weiteren Achtungserfolg auf der deutschen Automobilbühne: Die Fachzeitschrift „Off-Road" verlieh dem 4,25 Meter langen Allradler den Titel „Geländewagen des Jahres 1996". Die Auszeichnung symbolisierte den Erfolg des Kompakt-SUV — der Sportage trifft seit seinem Erscheinen den Nerv der Zeit. Die erste Generation hatte einen Hinterantrieb, zu dem bei Bedarf per Verteilergetriebe die beiden Vorderräder dazugeschaltet werden konnten. Eine ebenfalls zuschaltbare Untersetzung des Getriebes und ein Sperrdifferential mit 40 Prozent Sperrwirkung an der Hinterachse machten den Sportage zu einem echten Geländewagen.

Zu Beginn wurde der Sportage mit zwei längs eingebauten Zwei-Liter-Vierzylinder-Ottomotoren angeboten, die 95 PS oder (mit 16 Ventilen) 128 PS leisteten. Später kam ein 83 PS starker Diesel dazu. Aufgrund des robusten Allradantriebs konnte das SUV 1.800 Kilogramm schwere Anhänger ziehen — bis zu einer Steigung von zehn Prozent durfte die Last sogar zwei Tonnen betragen. Die Karosserie mit vier Türen plus Heckklappe hatte einen verstärkten Seitenaufprallschutz in den Türen und bot fünf Personen Platz. Um auf Langstrecken einer Ermüdung vorzubeugen, verfügte der Fahrersitz über eine Lordosenstütze. Ab dem Sommer 1997 trug Kia dem Zeitgeist Rechnung und stellte dem geländeerprobten Sportage eine 3,91 Meter lange zweitürige Cabrioversion mit abnehmbarem Soft-Top zur Seite. Trotz seiner Positionierung als Lifestyle-Spaßauto verfügte das Kia Sportage-Cabrio ebenfalls über den zuschaltbaren Allradantrieb des großen Bruders. Hinter den Kulissen tat sich ebenfalls einiges: Um den Qualitätsstandard halten zu können, verlagerte Kia die Produktion des Sportage ab 1999 wieder nach Südkorea. Ein ganz besonderes, noch puristischeres Derivat des Sportage war der seit 1999 hierzulande erhältliche Kia Retona (Retona steht für „Return to Nature"), die zivile Version des koreanischen Militärjeeps. Zu Beginn gab es den puristischen Geländewagen nur mit einem Zwei-Liter-Diesel, der 83 PS leistete. Ab dem Jahr 2000 wurde ihm ein Benziner gleichen Hubraums zur Seite gestellt.

In eine ganz andere Richtung ging der Kia Sportage Wagon: Bei ihm waren Platz und Vielseitigkeit Trumpf. Dazu wurde die Karosserie des Fünftürers auf 4,44 Meter gestreckt. Fünf Personen fanden in dem SUV bequem Platz. Mit einem Fassungsvermögen von 483 Litern war auch der Kofferraum reisetauglich. Legte man die Rückbank um, wuchs der Laderaum auf maximal 1.319 Liter. Dennoch vergaß der Sportage Wagon nicht seine Wurzeln: Mit einem Griff zum Wählhebel konnte der Allradantrieb aktiviert werden, die Bodenfreiheit betrug 21,6 Zentimeter und der maximale Neigungswinkel 45 Grad.

Nach dem Produktionsende 2002 arbeiteten die koreanischen Ingenieure an einem Nachfolger des erfolgreichen SUV und stellten diesen 2004 auf der Pariser „Mondial de l'Automobile" vor. Ein paar Monate später kam die zweite Generation des Sportage auch nach Deutschland. Die Physiognomie des SUV hatte sich verändert. Statt der kantigen Offroad-Attitüde setzte der Sportage jetzt auf die sportlich eleganten, etwas runderen Formen. Die Technik teilte er sich mit dem Hyundai Tuscon. Das bedeutete, dass eine Lamellenkupplung die Kraft zwischen den beiden Achsen verteilte und bei Bedarf bis zu 50 Prozent an die Hinterachse schickte. Da SUV mittlerweile salonfähig geworden und nicht mehr bloße Geländekraxler waren, fügten die Kia-Produktstrategen der Modellpalette ein Einstiegsmodell mit Frontantrieb hinzu. Auch unter der Motorhaube passte man sich dem neuen Trend an: Neben zwei Benzinern mit vier Zylindern und 141 PS sowie einen V6 mit 175 PS wurden die Dieselfreunde ein paar Monate nach dem Marktstart mit einem 113-PS-Selbstzünder beglückt. Als Getriebevarianten standen eine Viergangautomatik und eine manuelle Fünfgangschaltung zur Auswahl. Das große Plus des neuen, 4,35 Meter langen Kompakt-SUV war der günstige Einstiegspreis von 18.150 Euro, verbunden mit einer reichhaltigen Ausstattung und dem großzügigen Raumangebot, von dem auch die hinteren Passagiere dank eines Radstandes von 2,63 Metern profitierten. Auch an die Alltagstauglichkeit wurde gedacht: Immerhin konnten wieder Anhänger bis 1.600 Kilogramm bewegt werden. Ab 2007 lief das Kompakt-SUV in der neu errichteten, hochmodernen Fabrik in der slowakischen Stadt Zilina vom Band. Für die Kunden machte sich der Wechsel des Produktionsstandortes positiv bemerkbar: Kia gewährte nun eine Durchrostungsgarantie von zehn statt bisher sechs Jahren.

Gleichzeitig galt jetzt auch für den Sportage die erste 5+2-Jahre-Herstellergarantie (fünf Jahre Vollgarantie und zusätzlich zwei Jahre Garantie auf Motor und Antriebsstrang). Während seiner Laufzeit wurde das Kompakt-SUV laufend verbessert. Beim Modelljahr 2007 gab es optische Retuschen wie schwarz eingefasste Scheinwerfer, größere Außenspiegel, Stoßstangen in Wagenfarbe oder einen modifizierten Kühlergrill, der nur noch eine statt zwei Streben hatte. Die technischen Veränderungen betrafen die größeren Bremsscheiben (300 Millimeter) und eine direktere Lenkung. Die umfangreiche Modellüberarbeitung folgte ein Jahr später: Eine neue Mittelkonsole mit dem serienmäßigen CD-Radio, eine doppelflutige Auspuffanlage und ein stärkerer Dieselmotor für den 2.0 CRDi zählten zu den wichtigsten Änderungen. Das Aggregat leistete jetzt 150 statt bisher 140 PS. Anfang 2010 folgte mit dem Kia Sportage „Seven Stars" noch ein Sondermodell des erfolgreichen SUV, das mit einer umfangreichen Ausstattung noch einmal neue Kaufanreize bot, ehe auf dem Genfer Automobil-Salon die dritte Generation des Kia Sportage ihre Weltpremiere feierte und im Sommer in den Handel kam.

Das Design des neuen Gesichts in der SUV-Menge übernahm einige Attribute der 2007 präsentierten Studie Kia Kue. Neben dem deutlich frischeren und bulligeren Design, das durch den „Tigernasen-Kühlergrill" seine optische Quintessenz vermittelte, stand beim neuen Sportage die Ökologie im Vordergrund. Obwohl das Kompakt-SUV mit 4,44 Metern neun Zentimeter länger ist als der Vorgänger, wiegt es rund 91 Kilogramm weniger; der c_W-Wert beträgt jetzt 0,37 (Sportage II: 0,40). Die positive ökologische Gesamtbilanz des neuen Sportage wurde durch die Verleihung der anspruchsvollen Umweltnorm ISO 14040 durch den TÜV Nord manifestiert. Neben einer Start-Stopp-Funktion verfügte das Kia-Kompakt-SUV bereits im ersten Modelljahr über zwei neue Downsizing-Motoren — darunter erstmals ein 1,6-Liter-Benziner mit Direkteinspritzung und 135 PS sowie ein neuer Diesel mit 1,7 Litern Hubraum und 115 PS. Dieser emittiert lediglich 135 g CO_2/km.

Mit dem Sportage III führte Kia auch das neue Allradsystem „Dynamax" ein. Der in Zusammenarbeit mit dem österreichischen Zulieferer Magna Powertrain entwickelte Vierradantrieb setzt auf eine elektrohydraulische Lammellenkupplung, die je nach Fahrsituation das Drehmoment vollvariabel zwischen Vorder- und Hinterachse verteilt. Das bedeutet: Im normalen Fahrbetrieb gehen 100 Prozent auf die Vorderachse; droht ein Traktionsverlust, wird sofort die Hinterachse dazugeschaltet. Bei besonders rutschigem Untergrund hilft eine feste 50:50-Sperre. Neben diesen technischen Meilensteinen überzeugt der Kia Sportage durch einen modernen Innenraum mit hochwertigen Materialien und eine intuitive Bedienung. Zudem erhalten seit 2010 alle Kia-Fahrzeuge in Europa die bis heute einzigartige 7-Jahre-Kia-Herstellergarantie (oder bis 150.000 km). Die zahlreichen Designpreise wie „red dot design award" und „iF design award" sowie die Testsiege bei den renommierten Fachzeitschriften machten den Kia Sportage endgültig zum neuen Markenbotschafter. Zur IAA im September 2011 wurde der 2.0 CRDi mit 184 PS und einem maximalen Drehmoment von 392 Newtonmeter ergänzt.

Kia Pride

Wendiger Stadtflitzer

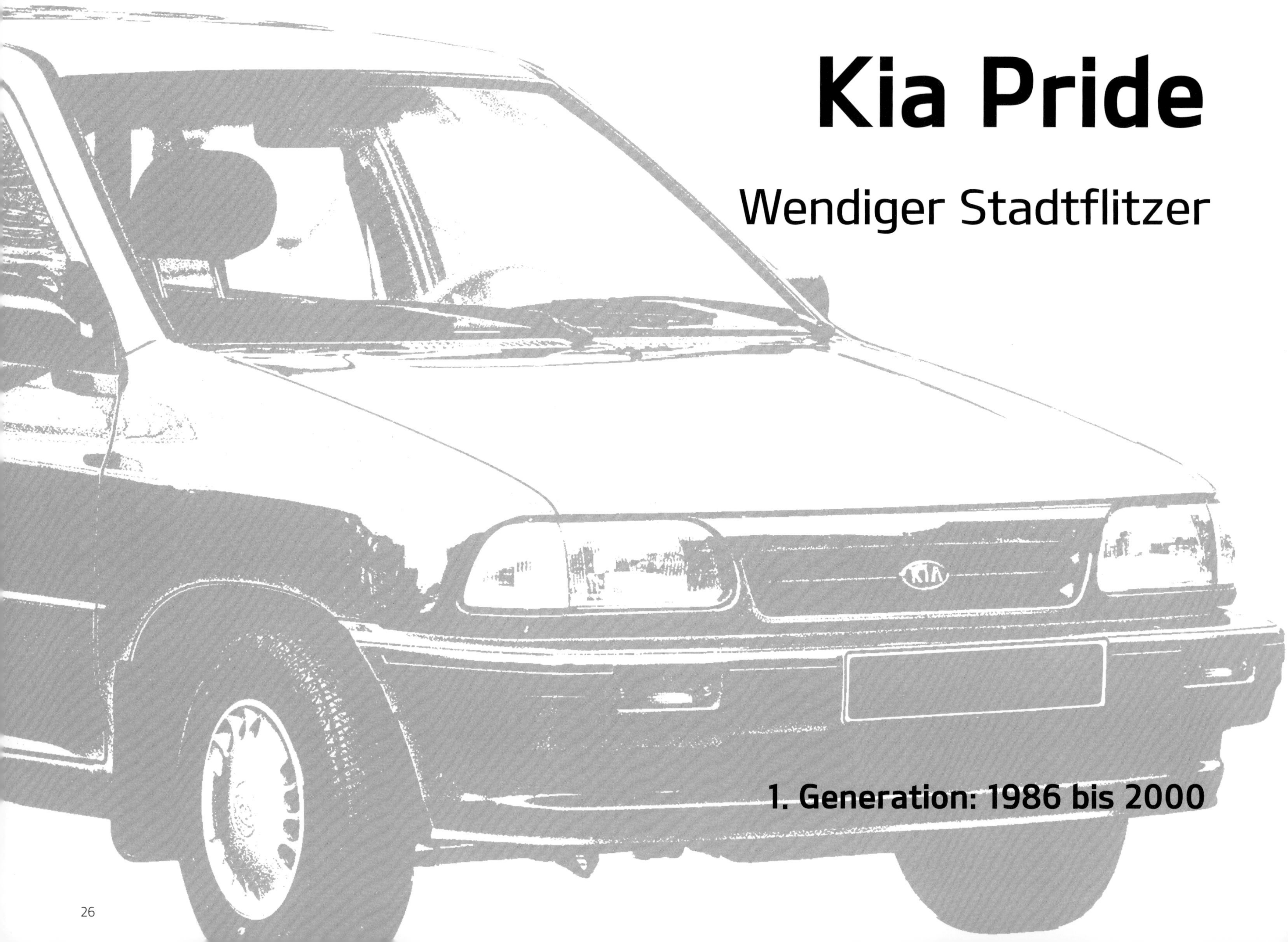

1. Generation: 1986 bis 2000

Als der Kia Pride im Mai 1995 nach Deutschland kam, befand sich der junggebliebene Stadtflitzer schon in einem gesetzteren Automobilalter. Der Kleinwagen war das Ergebnis einer Zusammenarbeit zwischen Kia, Ford und Mazda und wurde bereits seit 1986 produziert. Dennoch war das wendige Stadtauto mehr als zeitgemäß.

Die serienmäßige Ausstattung mit verstellbaren Außenspiegeln, elektrischen Fensterhebern (vorne) und Scheibenbremsen vorne samt Bremskraftverstärker sowie (ab 1996) einem Fahrerairbag erfreuten den Pride-Fahrer ebenso wie die lebhaften 1,3-Liter-Motoren mit Multipoint-Einspritzung und 60 beziehungsweise 73 PS. Die Höchstgeschwindigkeit betrug rund 153 beziehungsweise 159 km/h. Die Vierzylinder-Triebwerke hatten mit dem 800 Kilogramm schweren stolzen Koreaner wenige Probleme. Der Spritverbrauch lag bei beiden Aggregaten bei 7,35 Litern im Drittelmix, der damals üblichen Messmethode. Serienmäßig kam der Pride mit einer Fünfgang-Handschaltung. Für Fahrer, die noch mehr Komfort wollten, stand optional für den leistungsstärkeren Motor eine Dreigangautomatik zur Auswahl. Den vielseitigen Kleinwagen gab es in verschiedenen Karosserieversionen: Zunächst als Dreitürer und Fünftürer, 1998 kam noch ein Kombi dazu. Die verschiedenen Bauarten unterschieden sich hauptsächlich in der Länge: Der Dreitürer brachte es auf 3,56 Meter, der Fünftürer auf 3,61 Meter und der Kombi sogar auf stolze 3,94 Meter. Letzterer war schon aufgrund seiner zusätzlichen Zentimeter und dem daraus resultierenden Kofferraumvolumen von 533 bis zu 1.083 Litern der Lademeister im Pride-Portfolio. Inzwischen war die Motorenpalette auf ein Triebwerk reduziert worden: Der 64-PS-Motor erreichte in Kombination mit der Fünfgang-Handschaltung und Katalysator die D3-Abgassnorm. Als Alternative stand noch die Dreigangautomatik zur Verfügung. Die Höchstgeschwindigkeit betrug 150 km/h beziehungsweise 145 km/h bei der Automatikversion, der Kraftstoffverbrauch lag bei 6,7 Litern beziehungsweise 7,8 Litern.

In immer voller werdenden Städten spielte der Dreitürer seine Stärken voll aus: Mit 3,56 Metern flitzte der Pride nicht nur flott durch die City, das Parkplatzsuchproblem minimierte sich ebenfalls maßgeblich. Sein Ladevolumen lag zwischen 215

und 530 Litern. Dank der optionalen Servo-Zahnstangenlenkung ließ sich der Pride ohne große Probleme um die Ecke zirkeln. Wer außerhalb der Metropolen Spaß haben wollte, der konnte sich auf das Fahrwerk mit McPherson-Federbeinen vorne und einer Verbundlenkerachse hinten verlassen. Die Preise begannen bei 12.990 D-Mark für den Dreitürer, 13.990 D-Mark für den Fünftürer und 14.990 D-Mark für den Kombi. Angesichts des Gebotenen und der Serienausstattung mit elektrischen Fensterhebern und von innen einstellbaren Außenspiegeln ein extrem günstiger Preis, zumal die Garantie auch über das übliche Maß hinausging: Neben der dreijährigen Vollgarantie (inklusive Mobilitätsgarantie) verbürgte sich Kia noch 36 weitere Monate gegen Durchrostung.

Das Sondermodell Kia Pride Jolly sorgte 1996 für Kaufanreize und bot aufgrund der reichhaltigeren Grundausstattung einen Preisvorteil von rund 1.000 D-Mark. Serienmäßig an Bord waren 13-Zoll-Alufelgen und peppige Applikationen, die den Innenraum noch frischer erscheinen ließen. Bei den Aggregat-Getriebe-Kombinationen blieb sonst alles beim Alten.

Kia Clarus

Das Gesicht in der Menge

1. Generation: 1996 bis 2001

Mit dem Clarus erweiterte Kia 1995 sein Portfolio durch eine komfortable Mittelklasse-Stufenhecklimousine und etablierte sich weiter auf dem deutschen Markt. Das Modell entsprang der damaligen Kooperation mit Mazda und teilte sich einige technische Komponenten mit dem Mazda 626.

Ein stiller Mitläufer war der Kia Clarus nie. Das war vom ersten Moment des Erscheinens auf dem deutschen Markt klar. Die schnittige Front mit der dynamischen Silhouette war ein Hingucker, der sich auch in einem niedrigen c_W-Wert von 0,29 niederschlug. Durch den 1,8-Liter-Motor mit 116 PS, dem die Fachzeitschrift „auto motor sport" attestierte, „gut bei Kräften" zu sein (und das Durchzugsvermögen sowie die Drehfreude lobte), pendelte sich der Verbrauch bei 9,3 Litern Normalbenzin ein.

Beim 2,0-Liter-Triebwerk, das 17 PS mehr Leistung hatte, flossen 0,6 Liter zusätzlich durch die Brennkammern. Beide Aggregate, die im neuen Motorenwerk im koreanischen Asan Bay gefertigt wurden, verfügten über eine Multipoint-Einspritzanlage, einen Zylinderkopf aus Aluminium und zwei obenliegenden Nockenwellen zur Steuerung der Ventile. Aufgrund eines geregelten Dreiwegekatalysators erfüllten beide Motoren die Euro-2-Norm. Die Gangwechsel erfolgten mit einer manuellen Fünfgangschaltung oder einer Viergangautomatik. Dass die Brems- und Kupplungsbeläge damals schon asbestfrei waren, verstand sich von selbst. Für die Sicherheit der Passagiere sorgten zwei Airbags, höhenverstellbare Sicherheitsgurte, ein Seitenaufprallschutz in jeder Tür und eine Lenksäule, die bei einem Unfall nicht in den Fahrgastraum eindrang. Bei der GLX-Version war zudem ein Vierkanal-ABS-System serienmäßig, das auf vier Bremsscheiben zugriff, deren vordere innenbelüftet waren.

Beim Clarus waren die Vierzylindermotoren vorne und quer eingebaut. Das brachte natürlich Vorteile bei der Raumaufteilung — Platz bot das Modell im Überfluss. Die Kernkompetenz der koreanischen Mittelklasselimousine war nicht nur das Spurtvermögen, sondern vor allem das bequeme Gleiten über lange Strecken. Durch das aerodynamisch günstige Profil reduzierten sich die Windgeräusche deutlich. Der Reisekomfort und die Sicherheit erhöhten sich durch die verstärkte Fahrgastzelle, die auch den strengen US-Regularien entsprach. Tests verschiedener Publikationen lobten immer wieder genau diese Bequemlichkeit auf langen Strecken, die zum einen ein Resultat des Fahrwerks mit McPherson-Federbeinen inklusive Stabilisatoren war und zum anderen eine Konsequenz der reichhaltigen Ausstattung sowie des großzügigen Raumgefühls der 4,70 Meter langen Mittelklasselimousine. Der Kofferraum öffnete sich mit Gasdruckfedern, und aufgrund der im Verhältnis 60:40 umlegbaren Rücksitzlehnen vergrößerte sich das Ladevolumen von 424 auf 764 Liter. Die Standardausstattung des 26.990 D-Mark teuren Einstiegsmodells SLX umfasste dabei Annehmlichkeiten wie elektrische Fensterheber vorne, von innen einstellbare Außenspiegel, eine drehzahlabhängige Servolenkung mit höhenverstellbarem Lenkrad, eine elektrische Tankklappenentriegelung und eine funkgesteuerte Zentralverriegelung. Eine Vierstufenautomatik war optional erhältlich.

Wer zusätzlich 4.500 D-Mark auf den Tisch legte, bekam die stärkere GLX-Version, inklusive einer Lendenwirbelstütze und einer stufenlos einstellbaren Intervallschaltung der Scheibenwischer. Die Garantie war für beide Modelle Kia-typisch lang: 36 Monate oder 100.000 Kilometer galt eine Vollgarantie, die auch die Mobilität beinhaltete. Das Versprechen, den Kunden im Falle einer Durchrostung zu entschädigen, gab Kia über einen Zeitraum von 72 Monaten.

1998 stand eine Modellpflege an, im Zuge derer die Front überarbeitet wurde und die GLX-Variante eine Traktionskontrolle erhielt. Im September des gleichen Jahres wurde die Clarus-Familie um den 4,75 Meter langen Kombi erweitert, dessen größtes Plus das noch einmal größere Ladevolumen war. In der Basiskonfiguration hatte dessen Gepäckabteil ein Fassungsvermögen von 470 Litern, das sich bei umgelegten Rückbänken auf 1.580 Liter vergrößerte. Die Ausstattungslinien und Motorisierungen entsprachen im Großen und Ganzen denen der Stufenhecklimousine, inklusive der optionalen Viergangautomatik mit zwei Fahrprogrammen (Sport und Eco). Bei der GLX-Variante war jetzt eine Klimaanlage (ohne FCKW) und beim Kombi eine ausbaubare dritte Sitzreihe an Bord, deren zwei Plätze gegen die Fahrtrichtung angebracht waren. Unter dem Ladeboden befanden sich das Ersatzrad und eine kleine Wanne mit weiteren Ablagefächern. (Diese entfiel, wenn sich der Kunde für die dritte Sitzreihe entschied.)

Damit das Beladen einfach von der Hand ging, schwang die Heckklappe so weit auf, dass Personen bis zu einer Körpergröße von 1,80 Metern darunter stehen konnten. Die Ladekante war 71 Zentimeter hoch und die 1,78 Meter lange Ladefläche komplett eben. Eine Laderaumabdeckung schützte die Fracht vor Sonneneinstrahlung und neugierigen Blicken, Verzurrösen am Boden sicherten das Transportgut gegen das Verrutschen während der Fahrt. Die neuen Sitze waren in der GLX-Variante mit Velours überzogen. Den „Lastenträger ohne Allüren“ mit einem „sehr guten Preis-Leistungs-Verhältnis“ (Süddeutsche Zeitung) gab es bereits ab 29.990 D-Mark, die GLX-Version war 5.000 D-Mark teurer.

Kia Roadster

Offene Zweierbeziehung

1. Generation: 1996 bis 1999

Als Lotus die Fertigung des Elan stoppte, griff Kia beherzt zu und erwarb die Produktionsanlagen, die umgehend nach Korea transportiert wurden.

Deswegen war das Design des Kia Roadsters, der zwischen 1996 und 1999 produziert wurde, auch weitgehend identisch mit dem des Lotus-Pendants. Lediglich die Rückleuchten unterschieden sich durch ihre längliche Form. Das Fahrwerk basierte auf einem Stahlhilfsrahmen mit einer Kunststoffkarosserie, die 1,73 Meter breit und lediglich 1,27 Meter hoch war. Damit schoss der Kia Roadster flach über den Asphalt; der niedrige Schwerpunkt sorgte für ein souveränes Kurvenverhalten. Die Silhouette des fahraktiven Cabrios entsprach mit einer längeren Motorhaube, einem weiter hinten liegenden Cockpit und einem kürzeren Kofferraum ganz der Roadster-Tradition. Als Motor kam ein Reihen-Vierzylinder-Aggregat mit einem Aluminium-Zylinderkopf und einem Hubraum von 1.793 Kubikzentimetern zum Einsatz, das zwei obenliegende Nockenwellen hatte. Die Einspritzung erfolgte im Multipoint-Prinzip, das Zündsystem war kontaktlos. Damit leistete das Aggregat 136 PS, hatte ein maximales Drehmoment von 155 Newtonmeter bei 2.500 Umdrehungen pro Minute. Es absolvierte den Sprint von null auf 100 Stundenkilometer in 9,1 Sekunden und schaffte eine Höchstgeschwindigkeit von 196 km/h. Als Getriebe kam eine manuelle Fünfgangschaltung zum Einsatz.

Die beachtliche Höchstgeschwindigkeit war kein Wunder, denn der schnittige Kia Roadster wog lediglich 1.090 Kilogramm. Der Durschnittsverbrauch lag bei knapp neun Litern Normalbenzin pro 100 Kilometer. Der 3,88 Meter lange Zweisitzer mit Stoffverdeck hatte vorne McPherson-Federbeine mit Einzelradaufhängung, Dreiecksquerlenker und einen Stabilisator. An der Hinterachse wurde diese Komposition noch durch Längs- und Querlenker ergänzt und somit Spurtreue gewährleistet — unabdingbar bei der Agilität, die diesen Fronttriebler auszeichnete. Der Radstand betrug 2,25 Meter, was für die Kurvengier des offenen Kia nur förderlich war. Vier innenbelüftete Scheibenbremsen mit einem Durchmesser von 193 Millimeter vorne und 223 Millimeter hinten sorgten im Zusammenspiel mit einem Vierkanal-ABS für eine kräftige Verzögerung. Die Abgasreinigung erfolgte durch einen Dreiwegekatalysator. Der Kia Roadster verfügte über einen Fahrerairbag und einen Seitenaufprallschutz in den beiden Türen.

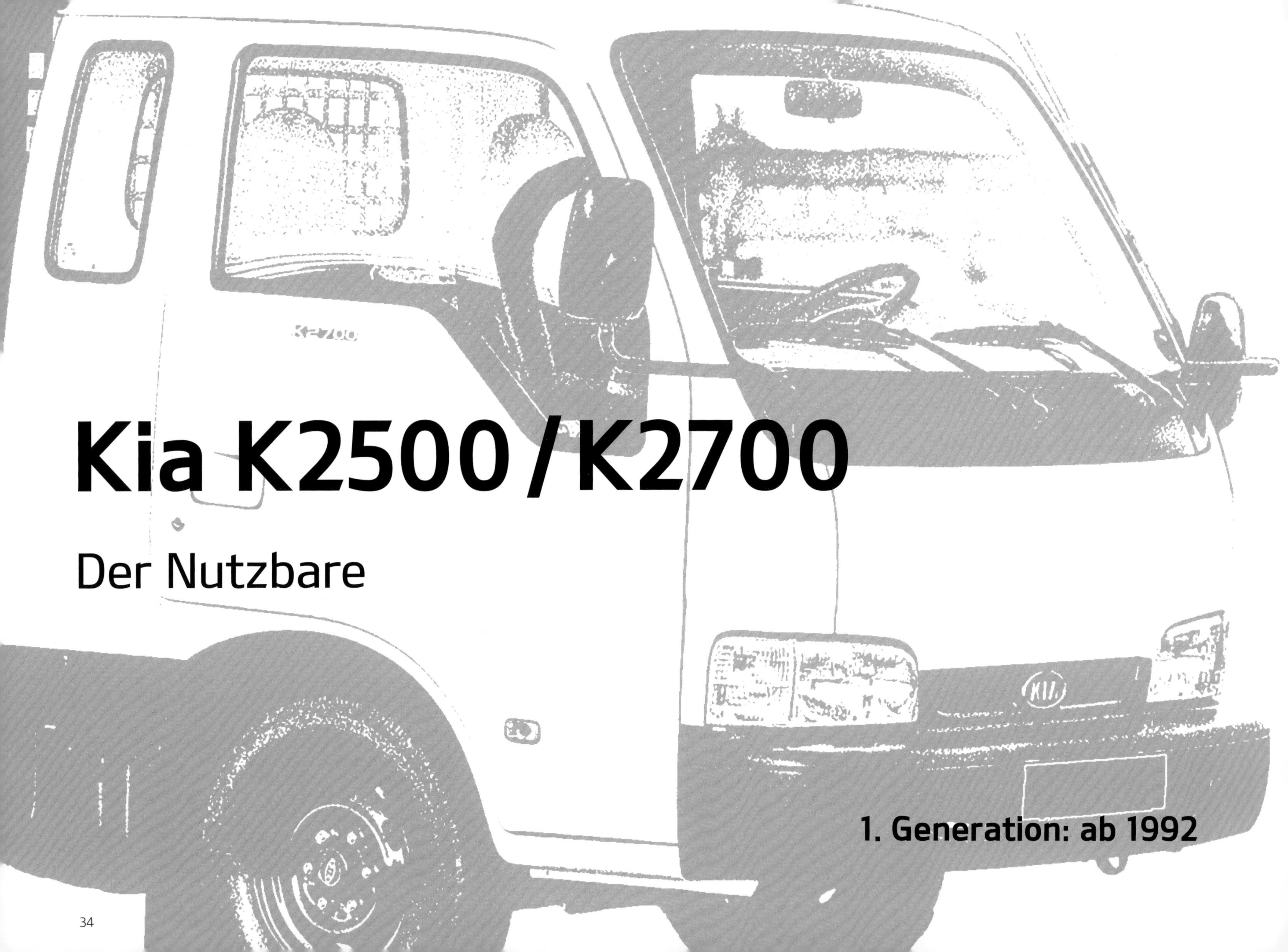

Kia K2500 / K2700

Der Nutzbare

1. Generation: ab 1992

Wenn es richtig zur Sache geht, braucht man die harten Jungs. Da macht Kia keinen Unterschied. Die besonderen Merkmale der vielseitigen Pritschenwagen K2500/K2700 waren ihre Variabilität gepaart mit einem überaus fairen Preis-Leistungs-Verhältnis. Für die Nutzer der unverwüstlichen Koreaner war aber vor allem die überdurchschnittliche Zuladungskapazität von maximal 1,1 Tonnen ausschlaggebend.

Wer so viel Gepäck trägt, muss auch einiges aushalten. Das Rückgrat des K2700 war ein entsprechend robuster Leiterrahmen. Der 2,7-Liter-80-PS-Vierzylinder-Wirbelkammer-Dieselmotor übertrug die Kraft auf eine starre Hinterachse mit Blattfedern und Zwillingsreifen. Durch diese Konstruktion (bei der die Federn wenig Bauhöhe in Anspruch nahmen) war gewährleistet, dass keine Teile über den Rahmen hinausragten. Der Komfort auf den Fahrer- und Passagierplätzen vorne wurde durch eine Einzelradaufhängung mit Schraubenfedern und Teleskopdämpfern sichergestellt. Da das maximale Drehmoment schon bei 2.000 Umdrehungen bereitstand, konnte man mit der manuellen Fünfgangschaltung bis zur Höchstgeschwindigkeit von 125 km/h immer die passende Getriebeübersetzung wählen.

In Kombination mit den kompakten Abmessungen (Länge: 5,17 Meter, Breite: 1,86 Meter) machte dies den Kia K2700 zu einem Favoriten in den Fuhrparks professioneller Nutzer. Die Ladefläche war drei Meter lang und 1,80 Meter breit. Da konnte man schon einiges verstauen. Damit dies auch problemlos vonstattenging, hatten sich die Ingenieure einiges einfallen lassen: Versenkte Zurrösen auf der Ladefläche oder die einklappbare Trittstufe an der hinteren Bordwand zeigten, dass die Nutzbarkeit im anspruchsvollen Arbeitsalltag der Besitzer im Lastenheft ganz weit oben stand. Das galt und gilt natürlich ganz besonders für den Aufbau. Die Pritsche des Kia K2700 bestand aus einem Holzboden mit Stahlrahmen. Die etwa 40 Zentimeter hohen Aluminiumbordwände waren leicht und robust zugleich. Neben den bereits erwähnten serienmäßig vorhandenen Ausrüstungsgegenständen gab es unter anderem einen höhenverstellbaren Leiterträger und Sicherheitsverschlüsse. Natürlich waren auch maßgeschneiderte Aufbauvarianten möglich wie etwa ein Kühlaggregat für Frischdienstverteiler.

Doch Ladevermögen und -raum sind eine Sache, Wendigkeit eine andere. Letztere ist auch ein Teil der Praktikabilität. Der 2,8-Tonner hatte die Länge einer Oberklassenlimousine und mit einem Wendekreis von 10,4 Metern auch deren Beweglichkeit.

Dank der großen Front- und Seitenscheiben, die einen ausgezeichneten Rundumblick gestatteten, ließ sich der Pritschenwagen zielgenau manövrieren. Die Fahrerkabine mit dem vielsagenden Namen „King-Cab" gewährte drei Personen ausreichend Platz. Doch alles Räumliche wäre simples Zahlenwerk gewesen, wenn die Tüftler nicht auch an einen praktischen Nutzen gedacht hätten: Hinter den Sitzen gab es noch genug Stauraum für Werkzeuge und empfindliche Maschinen. Für kleinere Gerätschaften standen ein großes Handschuhfach und viele weitere Ablagen zur Verfügung. Der mittlere der drei Sitze ließ sich zudem nach vorne klappen und so im Handumdrehen zu einem Frühstückstisch umfunktionieren.

Kia Pregio

Für alle Tage

1. Generation: 1996 bis 2006

Die Modelle Pregio und K2700 waren die praktischen Brüder in der Kia-Palette. Besonders bei Gewerbetreibenden stand das Doppel hoch im Kurs.

Die beiden teilten sich technische Spezifikationen wie etwa den Motor, der sich unter der Fahrerkabine befand, die Einzelradaufhängung an der Vorderachse oder den Hinterradantrieb per Starachse mit dem dazugehörigen Fünfganggetriebe. Auch in der Fahrerkabine ließ sich die Verwandtschaft der harten Jungs nicht verleugnen: Der mittlere der drei Sitze ließ sich auch beim Pregio mit einem Handgriff umlegen und wurde so zu einem Tisch mit Ablagefach und zwei Getränkehaltern. Allerdings gab es aufgrund der Einsatzgebiete einen entscheidenden Unterschied: Während der K2700 als robustes Nutzfahrzeug auf einem klassischen Leiterrahmen basierte, war es beim Kia Pregio eine selbsttragende Ganzstahlkarosserie.

Grundsätzlich war der Pregio ein Kleintransporter, der den Kia Besta ersetzte und ab 1998 als drei- bis sechssitziger Kastenwagen in Europa angeboten wurde. Mit einer Länge von 4,82 Metern und einem (mit seinem Bruder K2700 identischen) Radstand von 2,58 Metern war der Pregio natürlich wie gemacht für die vielseitigen Aufgaben, die im professionellen Einsatz auf ihn warteten. Doch damit hörten die Gemeinsamkeiten nicht auf: Ein Wendekreis von 10,4 Metern machte das Bewegen des 4,82 Meter langen Alleskönners in der Stadt einfach, ebenso die ebenfalls vom K2700 übernommene servounterstützte Zahnstangenlenkung. Die Ausstattung war alles andere als asketisch und orientierte sich an einem PKW: Unter anderem gab es beim Pregio eine Leuchtweitenregulierung der Scheinwerfer und einen abblendbaren Innenspiegel, eine heizbare Heckscheibe mit Wisch- und Waschanlage, eine Fernentriegelung der Tankklappe und ein drittes Bremslicht. Die Kia-typisch kurze Aufpreisliste umfasste unter anderem eine Metallic- oder Mica-Lackierung, eine Klimaanlage und sogar ein Sperrdifferenzial. Eine Laderaumwanne, der Lastenkorb und der Leiterhalter sowie unterschiedliche Dachboxen und -gepäckträger erhöhten den Nutzwert des Pregio auf Wunsch noch weiter.

Im täglichen Einsatz wartete der Kia Pregio mit weiteren handfesten Vorteilen auf. Die Länge des Laderaums betrug 2,65 Meter, die Fahrzeughöhe 1,97 Meter. Gemeinsam mit der niedrigen Ladekante von 65 Zentimetern war damit auch der Transport von sperrigen Lasten keine große Herausforderung. Die Zuladungsmöglichkeit von 1.363 Kilogramm setzte auch die Grenze der zu befördernden Nutzlast ziemlich weit oben an. Wenn das nicht reichte, konnte der Pregio auch einen Anhänger mit einer gebremsten Anhängerlast von 1,6 Tonnen an den Haken nehmen.

Die seitliche Schiebetür und auch die Heckklappe öffneten weit genug, dass Europaletten ohne Probleme per Gabelstapler ein- und ausgeladen werden konnten. Bei den Motoren ergänzte nach der Modellpflege ein 2,5-Liter-Turbodiesel mit Common-Rail-Einspritzung und 94 PS den aus dem K2700 bekannten 2,7-Liter-Selbstzünder. Mit dem neuen Triebwerk bewältigte der Pregio auch Steigungen von bis zu zwölf Prozent. Doch der Alleskönner hatte noch weit mehr Talente, denn neben der Rolle als Lastenkünstler brillierte der Pregio auch als Freizeitpartner: Die Spezialisten der Firma La Strada bauten den nützlichen Kleintransporter zu einem Wohnmobil um.

Kia Shuma

Der Erfolgstyp

1. Generation: 1999 bis 2001

2. Generation: 2001 bis 2004

Dass Kia seit jeher den Geschmack der Kunden traf, zeigte sich im April 1998. Die neue Mittelklasselimousine Shuma erschien zum fünfjährigen Markenjubiläum als Fließheckversion auf dem deutschen Markt.

Damit verband der junge koreanische Autobauer auf einer Länge von 4,47 Metern die Vorteile eines Kombis und einer Stufenhecklimousine. Das Ladevolumen war mit 440 Litern dementsprechend beachtlich: Legte man die im Verhältnis 60:40 teilbare Rückbank um, vergrößerte sich das Fassungsvermögen des Gepäckabteils auf stattliche 780 Liter. Doch die Raumopulenz fand damit noch kein Ende: Mit fünf Sitzplätzen und den großzügigen Innenraumabmessungen bot der Shuma bis zu fünf Passagieren ausreichend Platz. Das machte das Mittelklassemodell gerade für Familien interessant. Die freuten sich vor allem über die vielen Ablagemöglichkeiten des Shuma. Neben dem Komfort, der durch eine McPherson-Vorderachse mit Dreiecksquerlenkern gewährleistet wurde, war auch die Effizienz ein entscheidender Aspekt in der Entwicklung. Ein heute noch beeindruckender c_w-Wert von 0,29 war die grundlegende Voraussetzung für ein verbrauchgünstiges Fahren. Das Design mit den Doppelscheinwerfern und dem abfallenden Dach verlieh dem Shuma dazu noch ein markantes Auftreten. Anfang 1999 folgte eine Stufenheckversion mit leicht geänderter Front.

Strömungsgünstige Aerodynamik ist eine Sache, Vortrieb eine andere. Die beiden Benziner, die zum Verkaufsstart zur Wahl standen, stammten aus der fruchtbaren Kooperation mit Mazda und hatten bereits vier Ventile pro Zylinder: Der schwächere der beiden Vierzylinder hatte einen Hubraum von 1,5 Litern, 88 PS, war bis zu 180 km/h schnell und verbrauchte 10,5 Liter Normalbenzin auf 100 Kilometer. Der 110-PS-Ottomotor brachte es auf 196 km/h und verbrauchte 9,1 Liter. Kombiniert werden konnten die beiden Aggregate mit dem bekannten Fünfganggetriebe oder der ebenfalls etablierten Viergangautomatik. Zur Serienausstattung zählten zwei Frontairbags, eine drehzahlabhängige Servolenkung, ABS und ein Heckscheibenwischer. Bei den höheren Ausstattungsvarianten LS und GS war der Shuma Fließheck mit getönten Scheiben, zwei elektrisch verstellbaren Außenspiegeln, einem höhenverstellbaren Lenkrad und einer Zentralverriegelung ausgestattet. Bei allem Komfort legten die Entwickler des Shuma viel Wert auf die Sicherheit der Insassen: Neben den üblichen Knautschzonen an Front und Heck sorgten spezielle Verstärkungen an den Türsäulen und im Dach für eine optimale Absorbierung der kinetischen Energie im Falle eines Unfalls. Die 19,5 Zentimeter dicken Türen taten ihr Übriges.

Damit der Spaß am Shuma auch auf Dauer erhalten blieb, gewährte Kia eine Vollgarantie über drei Jahre sowie sechs Jahre gegen Durchrostung. Dieses Qualitätsversprechen galt auch für die Stufenhecklimousine, die knapp zwei Jahre später erschien. Auffälligster Unterschied war die neu gestaltete Frontpartie, die nun zwei und nicht vier Scheinwerfer zierte. Als Triebwerk stand der 88-PS-Motor zur Verfügung. Die Modellpflege im Jahr 2001 fiel derart umfassend aus, dass man die Nomenklatur des Mittelklassemodells erweiterte. Ab sofort sprach man von Shuma I und Shuma II. Neben der Abkehr vom Doppelscheinwerfergesicht bekam der Shuma II auch einen neuen 1,6-Liter-Motor, der das 1,5-Liter-Triebwerk ablöste. Das Aggregat hatte zwei obenliegende Nockenwellen, Vierventiltechnik, Multipoint-Einspritzung und leistete 102 PS.

Zwei Jahre später legte Kia noch einmal nach. Den Shuma II gab es jetzt nur noch als Fließheckvariante, als einziger Motor stand der 1,8-Liter-Motor mit 114 PS zur Verfügung. Das durchzugsstarke Aggregat, dem auch der ADAC gute Fahrleistungen attestierte, war eine komplette Eigenentwicklung. Die Ausstattungsvarianten hießen nun Wave oder Active — wobei Letztere mit 16-Zoll-Rädern und einer strafferen Abstimmung inklusive Tieferlegung die sportliche Variante darstellte.

Kia Carnival

Der Verwandlungskünstler

1. Generation: 1998 bis 2005
2. Generation: 2005 bis 2011

Vans gab es Ende des letzten Jahrtausends einige.
Doch als der Kia Carnival im Mai 1999 nach Deutschland kam, verdiente er sich angesichts seiner Größe und Nutzbarkeit den Namen Großraumlimousine. Drei Sitzreihen, eine Länge von 4,89 Metern sowie der Radstand von immerhin 2,91 Metern ließen wenig Raum für Zweifel.

Doch schiere Größe allein machte den Neuankömmling aus Korea nicht zum Liebling der Familien. Schließlich mussten das Gepäck und die Utensilien der Passagiere auch sicher verstaut werden. Da waren neben einem Kofferraum auch zusätzliche Ablagefächer nötig. Letztere bot der Kia genügend. Das Kofferraumvolumen variierte zudem je nach Sitzanzahl. Bei vier Sitzen (also zwei Reihen) waren es 664 bis 1.159 Liter. Bei Vollbestuhlung für sieben Personen blieben immerhin noch 344 bis 494 Liter für das Gepäck. Diese Zahlen geben die Variabilität des Vans allerdings nur unzureichend wieder: Die Sitze der mittleren und letzten Reihe ließen sich beim Kia Carnival LS mühelos hin und her schieben oder einfach zusammenklappen, um so mehr Laderaum zu generieren. Doch die Passagiere auf den hinteren Plätzen wollten sich auch unterhalten. Da half es natürlich, dass sich die Stühle der zweiten Reihe um 180 Grad drehen ließen. Bei Bedarf konnte man beide zusammenklappen und als Tisch benutzen. Becherhalter in den Rückenlehnen der Sitze, die umgelegt als Tischplatten dienten, sorgten außerdem für einen sicheren Stand der Getränke. Die großen Fenster ließen viel Licht in den Innenraum und erlaubten den Carnival-Reisenden einen umfassenden Blick nach außen.

Der Zugang zu den Passagierplätzen geschah über die beiden seitlichen Schiebetüren — oder man stand einfach vom Beifahrersitz auf und ging nach hinten: Da der Ganghebel sich im oberen Teil der Mittelkon-

sole befand, blieb der Tunnel zwischen beiden Vordersitzen frei begehbar. Dieses kleine, aber nützliche Feature war vor allem bei Familien sehr beliebt. Die weit aufschwingende Heckklappe und die 62 Zentimeter hohe Ladekante garantierten ein problemloses Beladen des Gepäckabteils. Der Frontantriebler hatte zwei Motoren und zwei Ausstattungslinien zur Auswahl. Der 2,9-Liter-Turbodieselmotor war vorne quer eingebaut, leistete 126 PS und hatte ein Drehmoment von 338 Newtonmeter. Dieses Aggregat, das entweder mit einer manuellen Fünfgangschaltung oder einer Wandlerautomatik kombinierbar war, war die bevorzugte Wahl der Carnival-Fahrer. Der robuste Selbstzünder überzeugte mit seiner Durchzugskraft und seiner Effizienz. Der 2,5-Liter-V6-Benziner brillierte daneben mit seiner Laufruhe und agilen 165 PS, die bei 6.500 Umdrehungen erreicht wurden.
Eine Multipoint-Einspritzung garantierte eine harmonische Verbrennung und ein geregelter Dreiwegekatalysator sorgte für die Reduktion der Emissionen.

Die Serienausstattung bei der RS-Variante tat ihr Übriges, um den Kia Carnival zu einem Rundum-sorglos-Paket zu machen: ABS, Servolenkung, eine Zentralverriegelung und ein Doppelairbag waren für 37.790 D-Mark von Haus aus an Bord. Für 5.200 D-Mark zusätzlich gab es dann unter anderem elektrisch verstellbare Außenspiegel, eine Zentralverriegelung per Funk, eine Klimaanlage, einen elektrisch verstellbaren Fahrersitz und die dritte Sitzreihe. Die Aufpreisliste war bei der Top-Version dementsprechend kurz: Sie beinhaltete eine Lederausstattung, das Automatikgetriebe und eine Metallic-Lackierung. Die Garantieleistungen umfassten die Kia-übliche dreijährige Vollgarantie inklusive Lack- und Mobilitätsgarantie sowie das Versprechen, dass sechs Jahre kein Durchrosten stattfinde. Damit der Carnival auch den Anforderungen der europäischen Kunden gerecht wurde, unterzog man den Familienvan einem rigorosen Testprogramm — auf Schotterpisten und Autobahnen in Südspanien, aber auch auf der bekannten Rennstrecke von Jerez.

Bei Kia gehört es zur Unternehmenskultur, sich nicht auf den Lorbeeren auszuruhen. Also gab es für das Modelljahr 2001 über 20 Verbesserungen für den Erfolgstyp. Ein neuer Kühlergrill und Seitenschutzleisten in Wagenfarbe frischten den Carnival auf. Eine stärkere Bremsanlage und eine neue Automatik verhalfen dem Van mit dem Sechszylinder-Benziner zu mehr Spritzigkeit. Im Innenraum gab es nun Wurzelholzapplikationen und neue Sitze. Eine weitere Modellpflege stand für das Jahr 2002 an. Diese war so umfassend, dass der Carnival jetzt unter Carnival II lief. Vor allem die Motoren wurden noch mehr auf Sauberkeit und Effizienz getrimmt: Um die strengere Euro-3-Norm zu erfüllen, leistete das Ottotriebwerk jetzt 150 PS und der Turbodiesel lief ab sofort unter dem Kürzel CRDi. Im Namen steckte schon die Neuigkeit: Der Selbstzünder hatte jetzt eine Common-Rail-Einspritzung, die die Leistung auf 144 PS steigerte.

Die Ausstattungsveränderungen waren zwar nicht so augenfällig, dafür aber nicht weniger detailreich: Insgesamt gab es jetzt 15 Becherhalter; zwischen den beiden Vordersitzen und an den Rückenlehnen konnten die hinteren Passagiere nun bei Bedarf einen kleinen Tisch ausklappen, um darauf ihre Mahlzeiten abzustellen. Die beiden hinteren Sitzreihen waren vollständig entfernbar, was die maximale Ladekapazität auf 3.321 Liter erhöhte. Entfernte man nur die letzte Reihe, brachte man immerhin noch 2.059 Liter unter. Die gesamte dritte Reihe konnte man nun längs verschieben, was den Komfort und natürlich die Variabilität weiter verbesserte. Die ohnehin schon umfangreiche Ausstattung wurde noch einmal erweitert: Beim Sondermodell Skyline war eine separate Heizregelung für den Fond ebenso enthalten wie Alcantarasitze und Lederarmaturen. Wer es besonders luxuriös wollte, der griff zum Kia Carnival Executive, der mit einem Deckenmonitor, zwei Infrarotkopfhörern und einem DVD-Player eine umfassende Multimediaausrüstung bot. Dazu spendierte Kia noch eine Teillederausstattung. Die stetige Verbesserung

begleitete den Carnival auch bis zu seiner Ablösung durch die zweite Generation 2006.

Im Sommer 2006 kam die zweite Generation des Kia Carnival nach Deutschland. Sie wurde aufgrund der umfangreichen Modellpflege vier Jahre zuvor auch als Carnival III bezeichnet. Ungeachtet der Zahlenspielerei machte der koreanische Hersteller hier einen großen Schritt, um sich weiter auf dem deutschen Automarkt zu etablieren. Dazu trug auch das frische Design bei. „Das Gute wird noch besser" lautete das Motto, mit dem das neue Modell an den Start ging. „Mit dem Carnival haben wir vor allem die anspruchsvollen europäischen Kunden im Blick", sagte Kias damaliger Deutschland-Chef Haydan Leshel. Deswegen hatte auch das Forschungs- und Entwicklungszentrum in Deutschland einen erheblichen Anteil am neuen Carnival, den es in zwei Varianten gab. Während die 5,10 Meter lange Version für die Überseemärkte wie Korea und USA vorgesehen war, wurde der europäische Van mit 4,81 Metern Länge acht Zentimeter kürzer als sein Vorgänger. Trotzdem musste er sich bei der Praktikabilität nicht hinter der ersten Generation verstecken. Ganz im Gegenteil.

Das Einsteigen wurde dank der Schiebetüren, die auf Wunsch elektrisch bewegt wurden, leicht gemacht. Die Sitze in den hinteren Reihen waren verschiebbar und mit wenigen Handgriffen vollständig klapp- oder ausbaubar. Der Gepäckraum fasste von 241 Litern (bei voller Bestuhlung) bis hin zu 3.050 Litern, wenn alle Reihen ausgebaut waren — dann betrug die Ladelänge 2,02 Meter. Wer wollte, konnte im Carnival also auch ohne Probleme übernachten oder seine Fahrräder transportieren.

Die Liebe zum Detail machte den Kia Carnival auch so besonders. Mit ausklappbaren Fischaugen-Weitwinkelspiegeln hatte man die Rasselbande auf den Rücksitzen immer im Blick. Ausklappbare Haken und Ösen sowie zehn Becherhalter gehören da ebenso wie Stauräume unter den Sitzen schon fast zum guten Ton. Sechs Airbags (zwei Front-, zwei Seiten- und zwei Vorhangairbags, die auch die Fondpassagiere schützten) sorgten für viel Sicherheit im Falle des Falles. Dass es gar nicht so weit kam, war Aufgabe des serienmäßigen ESP. Bei den beiden Motoren hatte man die Qual der Wahl: entweder einen 2,7-Liter-Benziner mit 189 PS oder den verbesserten 2,9-Liter-Diesel mit 185 PS. Beide Triebwerke erfüllten die Euro-4-Abgasnorm. Für den Benziner stand optional noch eine Viergangautomatik zur Verfügung.

Aufgrund der gesunkenen Nachfrage nach großen Vans wurde der Kia Carnival im Frühjahr 2010 vom deutschen Markt genommen. Seine Rolle übernimmt seither der kleinere Kia Carens.

Kia Joice

Der Herausforderer

1. Generation: 1999 bis 2003

Mit dem Joice brach für Kia 1999 eine neue Zeitrechnung an: Der Mittelklassevan war das erste Resultat der Zusammenarbeit der beiden koreanischen Hersteller Kia und Hyundai.

Für Kia war der Joice ein weiteres wichtiges Element im familienfreundlichen Modellprogramm. Um diese Prämisse auch konsequent umzusetzen, war einiges an Ingenieurkunst nötig. Schließlich sollte der Van sieben Personen bequem Platz bieten — und das bei einer Länge von 4,57 Metern.

Die kastenähnliche Form der Karosserie war die logische Konsequenz aus diesem Ansinnen. Schließlich sollte den Passagieren in der Sitzkonfiguration 2-3-2 genug Platz zur Verfügung stehen. Ein einfacher Klappmechanismus reduzierte bei Bedarf die Anzahl der Sitzplätze und erhöhte das Kofferraumvolumen auf maximal 1.907 Liter. Legte man die Rückenlehne des Beifahrersitzes um, „schluckte" der Joice sogar Gerätschaften von 2,43 Metern Länge. War das nicht genug, konnte man mit Hilfe der Dachreling noch weiteren Raum in Gepäckboxen schaffen. Die mittlere Sitzreihe war ohne großen Aufwand nach hinten verschiebbar und schuf so den Insassen zusätzliche Beinfreiheit. Vier Türen und eine weit aufschwingende Heckklappe garantierten einen einfachen Zugang zum Passagier- und Gepäckraum. Im Inneren fanden sich allerlei Ablagefächer, darunter auch ein Staufach unter dem Beifahrersitz.Trotz der ausgezeichneten Variabilität bot der Joice im Innenraum ein wohnliches Ambiente mit ansprechenden Holzapplikationen. Komplettiert wurde das hochwertige Interieur durch eine umfassende Ausstattung, die unter anderem elektrische Fensterheber für alle Türen, eine Zentralverriegelung und eine Klimaanlage mit beheizbaren Außenspiegeln bot.

Wie alle Kia-Modelle, die um die Jahrtausendwende auf den deutschen Markt kamen, unterzogen die Entwickler auch den Joice einem rigorosen Testprogramm. Das Fahrwerk des Fronttrieblers, das aus einer McPherson-Achse vorne und der Hinterachse mit Schraubenfedern und Stabilisatoren bestand, wurde konsequent an die europäischen Bedürfnisse angepasst. Vier innenliegende belüftete Scheibenbremsen mit einem Durchmesser von 257 Millimetern (vorne) bzw. 267 Millimetern (hinten) sorgten für eine standhafte Verzögerung, zwei Airbags und ein Seitenaufprallschutz in allen Türen für zusätzliche Sicherheit.

Das Vierzylinder-Aggregat hatte einen Hubraum von 1.997 Kubikzentimetern, vier Ventile pro Zylinder, eine obenliegende Nockenwelle und mobilisierte 139 PS und ein Drehmoment von 180 Newtonmeter. Das reichte, um den 1,4 Tonnen schweren Van auf maximal 175 km/h zu beschleunigen (170 km/h bei der Viergangautomatik). Später wurde das Aggregat dann an die Euro-3-Norm angepasst, wodurch sich die Leistung von 139 auf 120 PS reduzierte. Bei der Garantie änderte sich hingegen nichts: Auch beim Joice galt weiterhin die dreijährige Vollgarantie, einschließlich einer Mobilitäts- und Lackgarantie, sowie eine sechsjährige Garantie gegen Durchrostung.

Kia Retona

Der Naturbursche

1. Generation: 1999 bis 2001

Der Nachfolger des Asia Rocsta stand dem robusten Allradler in nichts nach. Der Name des Kia Retona war dabei Programm: Retona stand für „Return to Nature".

Der Retona gab nicht den Lifestyle-Crossover, sondern war für den kompromisslosen Geländeeinsatz konzipiert. Sein Äußeres unterstrich die puristische Attitüde: Der geländegängige Zweitürer zeigte mit seiner kantigen Silhouette, dem Kühlergrill mit den senkrechten Streben und dem Ersatzreifen an der Hecktür die Nähe zu dem südkoreanischen Militärjeep. Die Architektur des 1999 erschienenen Geländewagens war auch dementsprechend robust: ein Leiterrahmen mit einer Einzelradaufhängung an der Vorderachse sowie einer dreifach geführten Starrachse hinten mit einem Panhardstab und Schraubenfedern. Der Antriebsstrang entsprach dem des Kia Sportage, mit dem der Retona sich einige technische Komponenten teilte. Grundsätzlich verfügte der vier Meter lange Zweitürer über einen Hinterradantrieb. Bei einem Offroadeinsatz wurde per Hebeldruck die Vorderachse dazugeschaltet und die Kraft per Verteilergetriebe zwischen den beiden Achsen verteilt. Die automatischen Freilaufnaben an den Vorderrädern machten diese komfortable Handhabung möglich.

Das selbsttätig sperrende Hinterachsdifferential mit einer Sperrwirkung von 40 Prozent sorgte auch auf schwierigem Gelände für ein problemloses Fortkommen. Dabei halfen die Bodenfreiheit von 21,6 Zentimetern, der Böschungswinkel von 30 Millimetern vorne beziehungsweise 33 Millimetern hinten, der Kippwinkel von 48 Grad und der Rampenwinkel von 21 Grad. Mit einem Radstand von 2,36 Metern sowie einer Wattiefe von 35 Zentimetern und der Steigfähigkeit von 80 Prozent glitt der Retona auch über unwegsamen Erdboden und stellte dabei beachtliche Nehmerqualitäten unter Beweis.

Wer einen Retona sein Eigen nannte, scheute nicht vor dem harten Einsatz zurück. Vor allem bei Forstwirten und Jägern war der straßentaugliche Geländewagen sehr beliebt. Aufgrund seines 83-PS-Turbodiesels konnte der Jeep Anhänger mit einem Gewicht von bis zu 1.500 Kilogramm ziehen. Der Innenraum entsprach der uneitlen Attitüde des Fahrzeugs fürs Grobe: Klar gegliedert mit einem griffigen Dreispeichenlenkrad und Kipp- und Drehschaltern für alle entscheidenden Funktionen. Geschaltet wurde mit einer Fünfgang-Handschaltung. Der Kofferraum war mit 394 bis 1.235 Litern Fassungsvermögen groß genug, um sperrige Gerätschaften zu transportieren.

Das neue Jahrtausend brachte auch für den Retona eine Veränderung: Als weitere Motoralternative stand nun ein 128-PS-Zweiliterbenziner zur Verfügung, der den Retona auf 150 km/h beschleunigte. Der Preis für die Variante mit Ottomotor betrug 27.500 D-Mark, der Diesel-Retona lag bei 28.500 D-Mark.

Kia Carens

Der Familienfreund

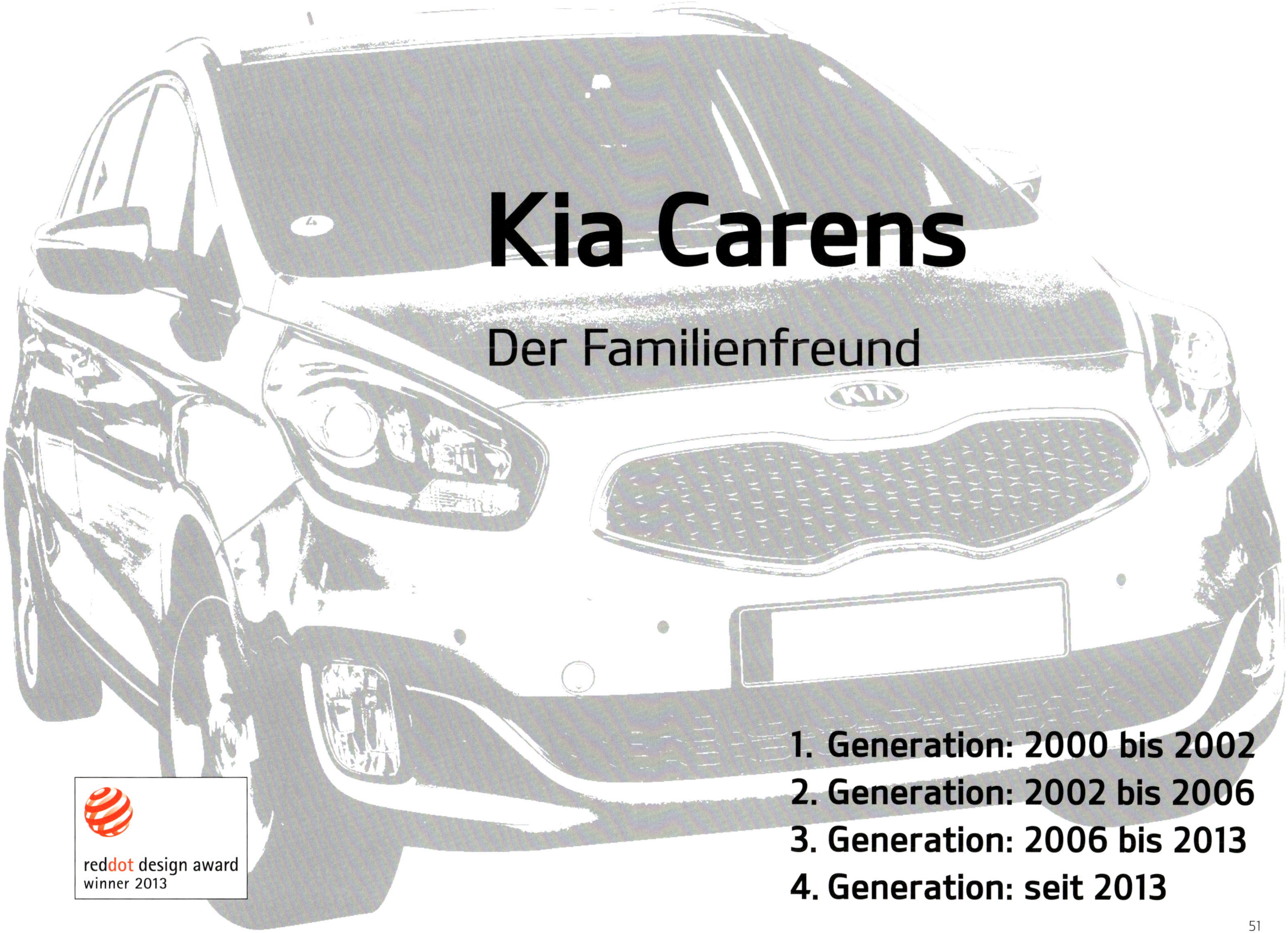

reddot design award
winner 2013

1. Generation: 2000 bis 2002
2. Generation: 2002 bis 2006
3. Generation: 2006 bis 2013
4. Generation: seit 2013

Die wichtigste Eigenschaft eines Kompaktvans ist die perfekte Raumökonomie. Diese bei einer Fahrzeuglänge von 4,44 Metern zu realisieren, erscheint wie die Quadratur des Kreises. Genau das ist Kia mit dem Carens der ersten Generation gelungen; die Gleichung wird bis zum heutigen Tag gelöst.

Schon bei seiner Deutschlandpremiere beeindruckte der Kompaktvan mit seiner großzügigen Raumökonomie. Fünf Personen fanden im Carens entspannt Platz. Selbst bei Vollbesetzung fasste der Kofferraum bei dachhoher Beladung noch 981 Liter. Dies ließ sich durch das Umlegen der Rückbank auf 1.752 Liter steigern. Damit der Gepäckraum und das Passagierabteil möglichst flexibel genutzt werden konnten, ließ sich die Rückbanklehne asymmetrisch umklappen. Das Lenkrad und der Fahrersitz waren höhenverstellbar. Zu einem Van gehören viele Ablagen: Mit Fächern in den Türverkleidungen und im Fond, zwei Getränkehaltern und einem Zwölf-Volt-Anschluss im Kofferraum war der Carens für jeden Familienausflug gerüstet.

Mit zwei obenliegenden Nockenwellen, 16 Ventilen und der damals bei Kia üblichen Multipoint-Einspritzung sowie den beiden geregelten Dreiwegekatalysatoren erfüllte der 110-PS-Motor alle Anforderungen an ein modernes Aggregat. Die Schadstoffnorm Euro 3 und der gemäßigte Durst von 8,9 Liter/100 km gingen nicht zu Lasten des Temperaments des munteren 1,8-Liter-Triebwerks. Mit einer Höchstgeschwindigkeit von 185 km/h hielt der Carens auf allen Straßen gut mit. Durch den relativ lang übersetzten fünften Gang konnte man den 1,3-Tonnen-Van entspannt bewegen, da das Motorgeräusch aufgrund der niedrigeren Drehzahl zurückging. Das Fahrwerk mit Einzelradaufhängung, ABS und vier Scheibenbremsen, von denen die vorderen innenbelüftet waren, vermittelte Sicherheit und sorgte für Komfort. Um das Rechenexempel perfekt zu machen, belastete der Carens die Haushaltskasse mit lediglich 29.990 D-Mark. Die Aufpreisliste war kurz: lediglich eine Klimaanlage, die Metallic-Lackierung und als Paket die Klimaanlage mit Dachreling und Leselampen. Ansonsten war alles an Bord, was sich das Fahrerherz wünschte: angefangen von den elektrischen Fensterhebern bis hin zu beheizbaren Außenspiegeln und zwei Airbags.

Bei der Modellpflege im Jahr 2002 wurde die Motorenpalette um einen 113-PS-Common-Rail-Diesel erweitert; der 1,8-Liter-Ottomotor bekam 16 zusätzliche PS unter die Motorhaube gepackt.

Später im Modellleben ersetzte der 137-PS-2,0-Liter-Benzinmotor das Einstiegsaggregat. Hinzu kam ein 140-PS-Selbstzünder, der die Euro-4-Norm erfüllte. Der Innenraum präsentierte sich gewohnt übersichtlich und war variabel zu verändern. Natürlich ließen die Ingenieure die Vorteile des Carens unangetastet. Dazu gehörten die ebene Ladefläche und die geteilt umlegbaren Lehnen der Fondsitze. Neu waren die beiden Ausstattungslinien, die sich an den restlichen Kia-Modellen orientierten. Das änderte aber nichts an der Menge der Ausstattungsdetails, die der Carens schon von Haus aus bei der LX-Variante mitbrachte — nur dass jetzt Seiten- und Frontairbags sowie eine Klimaanlage serienmäßig waren. Bei der EX-Version kamen Annehmlichkeiten wie eine Klimaautomatik und ein Regensensor dazu.

Vier Jahre später kam eine zweite Generation des Familienlieblings auf den deutschen Markt, die das ansprechende Konzept des kompakten Raumwunders weiter verfeinerte. Das fing beim äußerlichen schnörkellosen Auftritt mit Klarsichtscheinwerfern und einem großen sportlichen Kühlergrill an. Die gewachsenen Abmessungen unterstützen die gewonnene Präsens: Der Carens war nun 4,55 Meter lang und hatte einen Radstand von 2,70 Metern — das waren 13 Zentimeter mehr als bei seinem Vorgänger. Dieses Längenplus kam direkt bei den Passagieren an, da der Carens nun auch in der siebensitzigen Variante erhältlich war. Der Laderaum blieb mit 515 Litern (bei fünf Sitzen) bis zu 1.650 Litern üppig dimensioniert. Zudem gab es so praktische Ablagen wie ein Unterbodenfach; die niedrige Ladekante schonte beim Hineinheben des Frachtgutes zudem den Rücken.

Der neue Carens teilte sich seine Plattform mit der Mittelklasselimousine Magentis. Das wirkte sich auch auf das komfortable Fahrwerk aus, das Unebenheiten sicher wegbügelte. Das progressive Dämpfersystem passte sich dem Ladezustand des Vans an. Das Cockpit mit den klar ablesbaren Instrumenten und dem griffigen, hoch positionierten Schalthebel entsprach modernen Gesichtspunkten. Bei der Nomenklatur blieb sich Kia ebenso treu wie bei der opulenten Grundausstattung. Schon bei der LX-Version waren ein CD-Radio und eine Klimaanlage, sechs Airbags sowie ESP serienmäßig. Gurtstraffer, aktive Kopfstützen und eine neu entwickelte Sicherheitszelle verbesserten den Insassenschutz. Zum Modellstart standen zwei Zweilitermotoren zur Auswahl: Ein neu entwickelter Benziner mit 145 PS und variabler Ventilsteuerung sowie der bewährte Turbodiesel mit 140 PS und variabler Turbinengeometrie. Später kam dann ein weiterer 1,6-Liter-Ottomotor der Beta-Reihe dazu, der ebenfalls über das CVVT (Continuously Variable Valve Timing) verfügte.

Passend dazu konnte man zwischen verschiedenen Getrieben wählen. Das manuelle Sechsganggetriebe war perfekt auf den Dieselmotor abgestimmt. Beim Fünfganggetriebe des Benziners wurden die Schaltwege verkürzt und die Führung weiter optimiert. Wer sich die Freiheit nehmen wollte, zwischen manuellem und selbsttätigem Schalten zu entscheiden, lag mit der Viergangautomatik richtig.

Hergestellt wird der Carens im Werk Gwangju in Südkorea, im dem pro Jahr 150.000 Vans vom Band rollen. Für die Produktion der zweiten Carens-Generation wurden die Fertigungseinheiten weiter modernisiert. Diese konstante Verbesserung zahlte sich auch für den Carens-Kunden aus: Ab dem Modelljahr 2007 verlängerte Kia die Garantie für den Carens von drei auf fünf Jahre. Ab dem ersten Januar 2010 wurden dann sieben Jahre oder 150.000 Kilometer daraus.

Mit dem Modelljahr 2011 kündigte sich die nächste Generation des Familienvans an. Dieser trug nun mit der sogenannten Tigernase, also dem Doppeltrapez-Kühlergrill, das neue Kia-Markengesicht. Aber auch technisch tat sich einiges: Mit dem 1,6-CRDi-Diesel bereicherte ein sparsamer Motor die Antriebspalette. Das Triebwerk der U2-Baureihe hat 128 PS und braucht nur 5,7 Liter, was auch an dem — für einen Van — geringen c_W-Wert von 0,32 liegt. Die entspannte Fahrbarkeit ist ein herausragendes Merkmal dieser neuen Motorengeneration. Der Selbstzünder stellt mehr als 90 Prozent seines Drehmoments schon ab 1.500 Umdrehungen bereit. Seine Maximalkraft von 260 Newtonmeter liefert er von 1.900 bis 2.750 Umdrehungen pro Minute. Aber auch die Verbrennerfraktion bekam eine Überarbeitung spendiert: Beide Benziner erfüllten nun die Euro-5-Norm.

Die vierte Generation des erfolgreichen Kompaktvans wurde auf dem Pariser Autosalon 2012 erstmals der Öffentlichkeit präsentiert. Dabei fiel das neue, elegantere Design mit dem markanten modernisierten Tigernasen-Doppeltrapez-Kühlergrill sofort ins Auge. Die veränderten Proportionen unterstützen den ansehnlichen Auftritt: Mit einer Länge von 4,53 Metern ist der neue Carens rund zwei Zentimeter kürzer als der Vorgänger; der Radstand legte hingegen erneut um fünf Zentimeter zu. Zusammen mit einer Höhe von 1,61 Metern (minus vier Zentimeter) ergibt das zwangsläufig einen athletischen Auftritt. Der „red dot design award" für die Formensprache ist eine weitere logische Konsequenz.

Bei aller Schönheit kommt die Funktionalität nicht zu kurz: Die weit heruntergezogene Frontscheibe und die schmalere A-Säule mit integrierten Fenstern geben dem Fahrer eine verbesserte Rundumsicht. Der verlängerte Radstand resultiert zudem noch in mehr Platz für die Passagiere im Innenraum. Eine Vielzahl von Ablagen (wie zum Beispiel Schubladen unter den Sitzen) sorgt dafür, dass alle Utensilien sicher verstaut werden. Die drei Einzelsitze der zweiten Sitzreihe sind einzeln verschiebbar, während die dritte Sitzreihe einklappbar ist und das Gepäckraumvolumen so auf maximal 1.650 Liter erhöht.

Die ansehnliche Physiognomie geht auch mit einer weiter verbesserten Dynamik und Fahrbarkeit einher. Beim neuen Carens gibt es drei Vierzylindermotor-Alternativen: Zwei Benziner mit Direkteinspritzung sowie 1,6- und 2,0-Liter-Hubraum und

einen 1,7-Liter-Turbodiesel. Letzterer leistet 136 PS und hat ein maximales Drehmoment von 331 Newtonmeter. Der kleinere Benziner schafft 135 PS und 165 Newtonmeter Drehmoment. Das Zweiliteraggregat ist mit 166 PS und 210 Newtonmeter Drehmoment das leistungsstärkste für den Carens. Serienmäßig verfügt der Carens dazu über ein manuelles Sechsganggetriebe, für den Diesel und den Top-Benziner ist eine Sechsgangautomatik zu haben. Dass die Effizienz großgeschrieben wird, versteht sich von selbst: Für alle drei Triebwerke ist ein Start-Stopp-System erhältlich.

Die neue Karosserie des Kia Carens besteht zu 35,9 Prozent aus hochfestem Stahl. Damit hat sich die Verwindungssteifigkeit gegenüber dem Vorgängermodell um 64 Prozent erhöht. Fünf Sterne im NCAP-Crashtest sind da fast schon selbstverständlich. Auch das Fahrwerk wurde weiterentwickelt: Ein neu konstruierter Hilfsrahmen reduziert die Vibrationen. Eine ebenfalls neue Verbundlenker-Hinterachse sowie McPherson-Federbeine vorne erhöhen das Einlenkverhalten, unterstützen die schnellen Kurvenfahrten, reduzieren die Eigenbewegungen der Karosserie und erhöhen so Komfort und Dynamik gleichermaßen. Bei der Ausstattung zeigt Kia echtes Preis-Leistungs-Bewusstsein, das dem Carens in der Presse bereits den Spitznamen „Preisbrecher" einbrachte. Bereits die Basisversion beinhaltet unter anderem eine Klimaanlage, ein CD-Radio mit sechs Lautsprechern inklusive USB- und AUX-Anschluss, ein Multifunktionslenkrad, einen Tempomaten und LED-Tagfahrlicht. Auf Wunsch sind weitere Assistenzsysteme wie ein Spurhalteassistent oder ein intelligentes Parksystem erhältlich. Sechs Airbags, ESP mit Gegenlenkunterstützung, ein statisches Abbiegelicht und eine Berganfahrhilfe sorgen für sicheres und entspanntes Fahrvergnügen. Neben der Kia-typischen 7-Jahre-Herstellergarantie sind für Modelle mit werkseitig verbauten Navigationssystemen die Karten-Updates ebenfalls für 7 Jahre kostenlos.

Kia Rio

Klein und vielseitig

reddot design award
winner 2012

WINNER
AUTOMOTIVE BRAND CONTEST 2011

1. Generation: 1999 bis 2005
2. Generation: 2005 bis 2011
3. Generation: seit 2011

Der Kia Rio ist eines der letzten Produkte der engen Zusammenarbeit mit Mazda. Im August 2000 feierte die 4,22 Meter lange Schrägheckvariante ihre Premiere in Deutschland.

Obwohl der Rio preislich im B-Segment angesiedelt war, definierte alleine die Größe ihn schon beim Markteintritt eine Klasse höher. Im Herbst des gleichen Jahres kam dann die Stufenheckvariante nach Deutschland, welche eine ältere Käuferschicht ansprechen sollte. Die Ausstattung war identisch; dadurch aber, dass einige schrägheckspezifische Details entfielen (zum Beispiel der Heckscheibenwischer, die umlegbare Rückbank oder die Gepäckraumabdeckung), war diese Version 500 D-Mark günstiger. Das Design des Newcomers setzte auf runde Formen, einen schmalen Kühlergrill und eine markante Schulterkante, die parallel zur ansteigenden Fensterlinie vom vorderen Kotflügel bis zum Heck verlief. Den Abschluss bildete das Heck mit seiner Mixtur aus konkaven und konvexen Linien, während die weit aufschwingende Heckklappe einen bequemen Zugang zu dem 449 bis 1.277 Liter fassenden Kofferraum bot.

Eine der Stärken des Rios waren seine großzügigen Platzverhältnisse. Der Radstand betrug 2,41 Meter und garantierte dadurch auch den Passagieren in der hinteren Sitzreihe eine Beinfreiheit, die schon damals über das im Kleinwagensegment übliche Maß hinausging. Das Cockpit des Rios war klar und übersichtlich gestaltet und bot dem Fahrer bequemen Zugang zu allen wichtigen Funktionen. Beim Rio der ersten Generation konnte der Kunde zwischen zwei Vierzylindermotoren mit 75 und 98 PS wählen. Beide Motoren hatten einen geregelten Dreiwegekatalysator und gehörten zur damals neu entwickelten MI-Tech-Familie, wobei die Abkürzung „MI" für Millennium steht. Eine achtfach gekröpfte Kurbelwelle reduzierte die Vibrationen und die Aluminiumölwanne die Geräusche. Damit Letztere noch geringer wurden, optimierten die Ingenieure auch die Ansaugkanäle.

Der 75-PS-1,3-Liter-Motor hatte acht Ventile und ein Drehmoment von 113 Newtonmeter, das bereits ab 3.000 Umdrehungen pro Minute bereitstand. Die Spitzengeschwindigkeit betrug 164 Stundenkilometer. Noch lebhafter präsentierte sich das 1,5-Liter-Aggregat, das es mit Vierventiltechnik und zwei obenliegenden Nockenwellen auf 98 PS und 138 Newtonmeter Drehmoment brachte. Bei diesem Triebwerk hörte die Tachonadel erst bei 175 km/h auf zu wandern, der Verbrauch betrug 7,3 Liter. Anstelle des serienmäßigen Fünfganggetriebes stand für diesen Motor auch eine vierstufige Automatik parat.

Das Fahrwerk hatte vorne McPherson-Federbeine mit Scheibenbremsen und hinten eine Verbundlenkerachse. Zwei Airbags, ein Vierkanal-ABS und ein Bremskraftverteiler waren serienmäßig. Außerdem schützten Verstärkungen in den Türen und den Seitenschwellern die Passagiere. Ein Hilfsrahmen verhinderte bei schweren Unfällen das Eindringen des Motors in den Innenraum. Das Einstiegsmodell kostete damals 18.490 D-Mark; das umfangreicher ausgestattete Topmodell Rio 1,5 LS war mit 22.900 D-Mark veranschlagt. Die Basis mit dem Kürzel RS bot vier Lautsprecher, zwei Becherhalter und die asymmetrisch umlegbare Rückbank. Kreuzte man LS in der Preisliste an, waren elektrische Fensterheber vorne und hinten, elektrisch verstell- und beheizbare Außenspiegel, eine Zentralverriegelung, ein höhenverstellbarer Fahrersitz und ein höhenverstellbares Lenkrad inklusive. Optional waren auch eine Klimaanlage, ein Glasschiebedach und eine Viergangautomatik erhältlich. Die Garantie umfasste drei Jahre, bzw. 100.000 Kilometer oder sechs Jahre gegen Durchrostung.

Zwei Jahre nach dem Debüt stand eine Modellpflege auf dem Plan. Die Lenkung wurde noch einmal direkter und auch das Fahrwerk modifiziert. Dazu zählten auch größere Bremsen und Stabilisatoren. Der Vorderwagen wurde ebenfalls grundlegend verändert und bekam ein komplett neues Gesicht: Der Kühlergrill und der Stoßfänger waren deutlich größer als bisher, die Scheinwerfer befanden sich hinter Klarglas. Durch die breiteren Kotflügel wirkte der Rio noch bulliger. In der Länge legte der Rio um zwei Zentimeter zu. Der Innenraum erstrahlte ebenfalls im neuen Glanz und legte in der Wertigkeit noch einmal eine Schippe drauf. Auch die Sitze boten nun noch mehr Komfort und Seitenhalt. Der 1,3-Liter-Motor leistete jetzt 82 PS; das größere Aggregat brachte damit zwar 1 PS weniger auf die Vorderachse, reduzierte dafür aber auch den Verbrauch. Als wenn das nicht genug wäre, gab es obendrauf noch ein automobiles All-inclusive-Angebot. Beim Kauf eines neuen Rio übernahmen die Koreaner für fünf Jahre oder 75.000 Kilometer die Kosten für Steuern und Wartung. Im Preis enthalten waren die Inspektionen (alle 15.000 Kilometer), einschließlich der fälligen Verschleißteile. Dazu gehörten unter anderem ein Satz neuer Sommerreifen inklusive Montage, Zündkerzen und sogar Bremsklötze.

Drei Jahre später, im August 2005, brachte Kia die zweite Generation des Rio nach Europa und nahm damit einen radikalen Schnitt vor — im wahrsten Sinne des Wortes: Der Rio II war um sage und schreibe 25 Zentimeter kürzer als sein Vorgänger und somit auch nominal im Kleinwagensegment angekommen. Mit einer Länge von 3,99 Metern hatte er aber auch da immer noch eine Führungsrolle inne. Da der Radstand (um neun Zentimeter), die Höhe (fünf Zentimeter) und die Breite (1,5 Zentimeter) zunahmen, ging die Schrumpfkur nicht zu Lasten der Passagiere. Ganz im Gegenteil: Im Fond sorgten eine neigbare Rückenlehne und die gewachsene Beinfreiheit für ein angenehmes Raumgefühl. Das galt auch für den Kofferraum, der immer noch 270 bis 1.145 Liter Volumen hatte. Optisch wie technisch erstrahlte Kias Kleiner damit in völlig neuem Glanz. Das zeigte auch das frische Design mit keck in die Landschaft blitzenden Scheinwerfern und dem knackigen Heck. Der Innenraum überzeugte durch eine solide Überarbeitung und war sportlich zum Fahrer geneigt. Die Farben wirkten peppig und die beiden Rundinstrumente mit dem mittigen digitalen Display vermittelten alle nötigen Informationen.

Durch den gewachsenen Radstand überzeugte der Kia mit einem ausgewogenen Verhältnis zwischen Agilität und Komfort. Die Ausstattung war schon beim Einstiegsmodell mit Servolenkung (inklusive höhenverstellbarem Lenkrad), elektrischen Fensterhebern vorne und hinten sowie einem höhenverstellbaren Fahrersitz mit Mittelarmlehne durchaus üppig; ab der EX-Variante waren ESP und eine Klimaanlage serienmäßig. Später wurden dann das Stabilisierungsprogramm und sechs Airbags bei allen Modellen ab Werk verbaut. Das ausgezeichnete Preis-Leistungs-Verhältnis manifestierte sich in einem Einstiegspreis von lediglich 9.800 Euro.

Zum Marktstart standen zudem drei Motoren zur Auswahl: Zwei Benziner mit 1,4 und 1,6 Litern Hubraum, die beide die Euro-4-Abgasnorm erreichten. Das kleinere der beiden Ottotriebwerke aus der „Alpha"-Baureihe leistete 97 PS, das 1,6-Liter-Aggregat war noch einmal 15 PS stärker und verfügte über die Kia-typische variable Ventilsteuerung CVVT. Als Alternative zur Fünfgangschaltung stand weiterhin die Viergangautomatik zur Auswahl. Später wurde die Palette der Benzinmotoren um ein modifiziertes 1,4-Liter-Aggregat ergänzt. Premiere im Kia Rio feierte der 110-PS-1,5-CRDi-Diesel. Der Selbstzünder war mit 110 PS beileibe kein Schwächling und konsumierte lediglich 4,7 l/100 km. Auch hier ergänzte später eine schwächere 79-PS-Variante den Modellzyklus.

Die dritte Generation, die 2011 Deutschland eroberte, trug unverkennbar die Handschrift des Chefdesigners Peter Schreyer. Der Tigernasen-Kühlergrill und der muskulös-markante Auftritt gehören seit dem Amtsantritt des Deutschen zu den unverkennbaren Attributen eines jeden Kia. Um den Tatsachen noch mehr Nachdruck zu verleihen, wurde das Design 2012 mit dem „red dot design award" ausgezeichnet. Dass der neue Kia Rio nicht nur über äußerliche Qualitäten, sondern auch über ein dementsprechendes Interieur verfügt, überrascht einen Kenner der koreanischen Automarke nicht mehr: Unterschäumte Kunststoffe, Chromapplikationen und Klavierlack schmeicheln Hand und Auge. Das Cockpit mit seinen betont sportlich angeordneten Instrumenten und dem eingängigen Aufbau zeigt dabei die Verwandtschaft zu den anderen Kia-Modellen.

Im Gegensatz zum direkten Vorgänger legte der Rio III in den Abmessungen wieder etwas zu und ist jetzt 4,05 Meter lang. Der Radstand wuchs um sieben Zentimeter, das Fahrzeug ist insgesamt etwas breiter (plus 2,5 Zentimeter), aber um 1,5 Zentimeter flacher. Zudem wurde die Frontscheibe um 156 Millimeter nach vorne und 18 Millimeter nach oben versetzt. Das gibt ein gutes Raumgefühl und erhöht noch einmal den Platz für die Passagiere und das Gepäck. Denn auch das Kofferraumvolumen hat auf 288 Liter zugelegt; maximal sind es bei umgeklappten Rückenlehnen sogar 932 Liter.

Das Fahrwerk mit der bewährten Kombination aus McPherson-Federbeinen vorne und Verbundlenkerachse hinten bietet einen guten Kompromiss aus Fahrdynamik und Komfort. Beim Antrieb stehen vier Motoren zur Wahl: zwei Benziner (1,2 und 1,4 Liter) und zwei Diesel (1,1 und 1,4 Liter). Die beiden Selbstzünder stammen aus der U2-Baureihe und leisten 75 und 90 PS. In der Attract-Variante verbraucht der kleinere Diesel 3,2 l/100 km (Start-Stopp-Serie) und hat einen CO_2-Ausstoß von 85 g/km. Der 1,4-Liter-Selbstzünder bringt es auf 4,3 Liter pro 100 km. Bei den Benzinern kommen der 1,2-Liter-„Kappa"-Motor mit 85 PS und das 1,4-Liter-„Gamma"-Aggregat zum Einsatz. Mit Start-Stopp-System verbraucht der kleine Benziner 4,3 l/100 km und emittiert 113 g CO_2/km. Ein Grund für diese gute Bilanz sind die überarbeiteten, reibungsreduzierten Teile des Triebwerks und die Tatsache, dass das Aggregat nun ebenfalls mit der variablen Ventilsteuerung CVVT arbeitet. Beim großvolumigen Ottomotor sind es 0,7 Liter und ein Gramm CO_2 mehr — sofern die Start-Stopp-Version an Bord ist. Das exzellente Ausstattungsniveau ist eine Kampfansage an die Konkurrenz: Der Rio hat bereits serienmäßig ein CD-Radio mit vier Lautsprechern, USB-, AUX-und iPod-Anschluss sowie ein Multifunktionslenkrad an Bord. Weiterhin vorhanden sind eine Zentralverriegelung mit Funkfernbedienung, elektrisch einstellbare Außenspiegel, Bordcomputer, Tagfahrlicht, Komfortblinker (One Touch), höhenverstellbares Lenkrad, Schaltpunktempfehlung, Servolenkung und Stoßfänger in Wagenfarbe.

Kia Magentis

Das Flaggschiff

1. Generation: 2001 bis 2005
2. Generation: 2005 bis 2010

Der Kia Magentis gab bei seiner Deutschlandpremiere einen Ausblick auf kommende Zeiten: Das Mittelklassemodell mit Frontantrieb war das erste Fahrzeug, das sich nach dem Zusammenschluss mit Hyundai Motors die Technik mit dem Hyundai Sonata teilte.

Der Name, der sich aus „magnificent" (großartig) und „gentle" (sanft) zusammensetzt, war Programm: Die Limousine sollte vor allem dem komfortbetonten Reisen dienen. Dieses Versprechen löste der Magentis ein und gefiel durch seinen angenehmen Federungskomfort. Schon der Auftritt mit dem mächtigen, etwas barock anmutenden Kühlergill gab dem 4,72 Meter langen Kia-Flaggschiff eine optische Präsenz, die für Aufsehen sorgte. Doch das Mittelklassemodell hatte nicht nur Schein, sondern auch Sein zu bieten und überzeugte vor allem durch ein sehr gutes Preis-Leistungs-Verhältnis. Denn wie bei allen Modellen sparte Kia auch beim Magentis nicht an Ausstattung: Schon beim LX-Basismodell waren vier Airbags, elektrische Fensterheber, das höhenverstellbare Lenkrad, Zentralverriegelung und eine Klimaanlage serienmäßig.

Zunächst startete der Kia mit einem Vierzylinder-Zweilitermotor mit 136 PS, später wurde die Motorenpalette noch mit einem 2,5-Liter-V6-Triebwerk mit 169 PS ergänzt. Das laufruhige Aggregat, das sich mit Normalbenzin zufriedengab, überzeugte im Zusammenspiel mit dem Fahrwerk und der Vierstufenautomatik auch die Tester der Fachzeitschrift „Auto Bild": „Dies ist der beste Kia, den wir bei Auto Bild bisher gefahren haben." Wieder ein Jahr später, 2003, stand schon das erste Facelift an, in das rund 50 Millionen Euro investiert wurden. Dabei gestalteten die Designer das Aussehen der Front mit

Doppelscheinwerfern moderner, die Mittelkonsole erhielt einen schmalen dunklen Zierrahmen. 2004 gingen die optischen Retuschen an der Front weiter — der Kühlergrill bekam durch dunkle Querstreben statt der vertikalen Chromleisten ein zurückhaltenderes Aussehen. „Mit dem Auto heben wir das Qualitätsimage von Kia auf die nächste Stufe", sagte der damalige Deutschland-Geschäftsführer Matthias Heinz. Kurz vor der Einführung der zweiten Generation tauschte Kia noch die gelben Gläser der vorderen Blinker gegen die Glasversion.

Im Jahr 2005 schickte sich die zweite Magentis-Generation an, den Erfolg des Vorgängers fortzusetzen. Die Optik unterschied sich maßgeblich von der des Vorgängers, was auch an der neuen Plattform lag, auf der der Mittelklasse-Kia nun basierte. Daraus resultierte auch die auf 4,74 Meter marginal gewachsene Länge. Der Radstand betrug 2,72 Meter, das Dach wölbte sich fast sieben Zentimeter höher über den Köpfen der Insassen und garantierte fast schon fürstliche Innenraum-Platzverhältnisse. Der Kofferraum fasste 496 Liter und die Rücksitzlehne konnte im Verhältnis 60 zu 40 umgelegt werden. Entwickelt wurde der Kia in Rüsselsheim.

Der barocke Auftritt der ersten Generation war passé: Die Stufenhecklimousine gefiel in ihrer harmonischen optischen Gesamtkonzeption, die sich durch markante, sportliche Linien, Klarsichtscheinwerfer und eine durch die noch einmal elegantere Front mit einem dezenteren Zusammenspiel aus Kühlergrill und

Frontschürze auszeichnete. Im gleichen Stil ging es im Innenraum weiter, der betont sachlich gehalten war und keinen überflüssigen Zierrat aufwies. Die Rundinstrumente waren übersichtlich, die Bedienung eingängig und die Neigung zum Fahrer ergonomisch günstig und sportlich zugleich. Details wie der beleuchtete Fußraum verströmten eine wohnliche Atmosphäre. Beim Fahrwerk wirkten sich der längere Radstand und die McPherson-Vorderachse positiv aus. Der Spagat aus Komfort und Dynamik gelang noch besser und die Lenkung führte die Richtungsbefehle des Fahrers positiv aus.

Das gewachsene Selbstbewusstsein zeigte sich auch in einer ansehnlichen Verpackung der Motoren durch eine Abdeckung, die ein chromglänzendes Kia-Symbol zierte. Bei den Motoren ergänzte ein bewährter 2,0-Liter-Diesel mit 140 PS und variabler Turbinengeometrie die beiden Benziner. Letztere bekamen ebenfalls eine Vitaminspritze verpasst: Der 2,0-Liter-Ottomotor mit variabler Ventilsteuerung leistete jetzt 144 PS, der 2,7-Liter-V6 188 PS. Die neue Fünfgangautomatik war serienmäßig dem 2,7-Liter-V6-Triebwerk zugeordnet, während die Viergangautomatik als Alternative für die anderen Motoren zur Verfügung stand. Das grundlegende Prinzip blieb dabei das Gleiche: Viel Auto fürs Geld. Schon die Einstiegsausstattung für 21.300 Euro umfasste sechs Airbags, ESP und aktive Kopfstützen sowie eine Klimaanlage, elektrisch bedienbare Außenspiegel und Fensterheber, Zentralverriegelung sowie ein mp3-taugliches CD-Radio. Dazu gab es noch Alufelgen; das Lenkrad sowie der Schaltknauf waren mit Leder bezogen und lagen gut in der Hand.

Anfang 2009 wurde das Design des Kia Magentis noch einmal grundlegend überarbeitet. Wie alle anderen Modelle zierte jetzt die Tigernase auch die Front der Mittelklasselimousine. Im Zuge des Umbaus wurde die Stirn um 4,5 Zentimeter und das Heck um zwei Zentimeter gestreckt, während der Radstand, die Höhe und die Breite unverändert blieben. Als Konsequenz erhöhte sich das Kofferraumvolumen auf 500 Liter. Genauso wie die Hülle wurde auch der Innenraum veredelt: Die drei Rundinstrumente waren nun sportlich rot illuminiert und befanden sich unter einem Blendschutz. Neben verbesserten Materialien wurde auch bei der Ausstattung noch einmal optimiert: Die neue mp3-fähige Audioanlage verfügte nun über einen AUX- und einen USB-Anschluss. So konnte nun auch der iPod gesteuert werden, die Bedientastatur für das Radio war im Lenkrad integriert.

Ebenfalls überarbeitet wurde die Motorenpalette: Die optimierten Motoren — zwei Benziner und ein Diesel — leisteten bis zu 20 PS mehr bei niedrigerem Schadstoffausstoß. Beim Dieselmotor mit einer modernen Common-Rail-Einspritzung waren es zehn PS mehr — also 150 statt 140 PS. Das schlug sich im Zusammenspiel mit der manuellen Gangschaltung in einem Durchschnittsverbrauch von 6 l/100 km nieder. Doppelt so viel legte der 2.0-CVVT-Benziner auf 164 PS zu und verbrauchte trotzdem mit 7,5 l/100 km um 0,2 l weniger als der Vorgänger. Der Leistungszuwachs des Vollaluminium-V6-Topaggregats mit vier obenliegenden Nockenwellen und 24 Ventilen betrug 5 PS. Erreicht wurde dies durch eine Änderung des Motorenmanagements.

Im April 2010 wurde die Produktion des Kia Magentis eingestellt. Sein Nachfolger ist der Kia Optima, der in seinem Heimatland Korea unter der Bezeichnung Kia K5 verkauft wird.

Kia Sorento

Der Aufbruch

1. Generation: 2002 bis 2009
2. Generation: seit 2009

Jeder Automobilhersteller hat ein Schüsselmodell in seinem Portfolio. „Dieses Auto war ein Meilenstein für Kia, weil die Marke bis dahin vor allem als Hersteller kleinerer Fahrzeuge wahrgenommen wurde. Mit der Einführung des ersten Sorento 2002 begann sich das zu ändern", sagt Deutschland-Geschäftsführer (COO) Martin van Vugt rückblickend.

Die Vorstellung des Kia Sorento auf dem Genfer Auto-Salon 2002 rangiert bei Focus Online unter den 20 spannendsten Automobilneustarts, die jemals auf der Schweizer Frühjahrsmesse vorgestellt wurden — noch vor solchen Klassikern wie dem Citroën Ami 6 aus dem Jahre 1961 oder dem Chevrolet Suburban Carryall von 1935.

In der Tat war das klassische Sports Utility Vehicle bei seiner Einführung Wegbereiter und Türöffner zugleich. Es machte das SUV-Fahren auch für die breite Masse erschwinglich und etablierte sich neben den Offroadern namhafter Hersteller. Bis zu seiner Ablösung Ende 2009 wurden weltweit über 900.000 Modelle verkauft, davon fanden mehr als 45.000 Fahrzeuge in Deutschland freudige Abnehmer. Die Folge: Wer einen Sorento wollte, musste sich auf eine monatelange Wartezeit einstellen. Übereinstimmend lobten Presse und Käufer die reichhaltige Ausstattung und das souveräne Fahrverhalten des Kia-Offroaders. Was wenige wissen: Die erste Sorento-Generation bekam im Porsche-Entwicklungszentrum in Weissach ihren letzten Fahrwerksschliff.

Das Design von Byung-Jun Min traf den Geschmack der Kunden. Präsent, aber nicht zu protzig. Satt auf der Straße stehend, aber nicht zu bullig und mit einem jugendlichen Charme gegenüber den etablierten Vertretern der SUV-Gattung — dies waren Attribute, mit denen die Fachwelt den Sorento belegte.

Der Innenraum überzeugte mit wertigen Materialien. Auch Platz war im 4,57 Meter langen Sorento mehr als genug vorhanden. Schon im Normalzustand fasste der Kofferraum 441 Liter, bei komplett umgelegter Rückbank waren es beachtliche 1.751 Liter. Die Ausstattung konnte sich ebenfalls sehen lassen: Mit Vorhangairbags, die vorne und seitlich schützten, einer Klimaanlage und einer partiell beheizbaren Frontscheibe mit Defroster-Funktion für die Wischergummis bot der Sorento viel Praktisches.

Bei der Architektur besannen sich die koreanischen Ingenieure auf die traditionellen Offroad-Tugenden. Die Basis war ein klassischer Leiterrahmen mit aufgeschraubter Karosserie, einer Starrachse hinten und McPherson-Aufhängung vorne. Das Ergebnis beeindruckte Kunden und Pressevertreter gleichermaßen. „Der gefahrene Diesel-Sorento 2.5l CRDi gefällt mit seinem guten Komfort und problemlosen Handling. Die Servolenkung ist leichtgängig und zielgenau, die Federung komfortabel, aber nicht schaukelig. Kurzum: Wir waren bei unseren ersten Fahrversuchen begeistert", urteilte die „Auto Bild" nach dem ersten Fahrkontakt mit dem Sorento. Maßgeblichen Anteil an diesem Verbalapplaus hatte der moderne durchzugsstarke Vierzylinder-Turbodiesel. Der 2,5-Liter-CRDi leistete 103 kW/140 PS, hatte ein Drehmoment von 314 Newtonmeter und genehmigte sich nur 8,5 Liter auf 100 Kilometer. Neben dem kraftvollen Selbstzünder standen zwei Benziner zur Auswahl: ein 2,4-Liter-Aggregat mit 134 PS (ausschließlich mit Handschaltung) und ein stärkeres

V6-Triebwerk mit 3,5 Litern Hubraum, 195 PS und Automatik.

Der Sorento der ersten Generation hatte in der LX-Variante einen zuschaltbaren Allradantrieb, der mit einem Schalter links neben dem Lenkrad wählbar war. Die kürzere Geländeuntersetzung wurde ebenfalls manuell aktiviert. Die EX-Version verfügte über einen permanenten Allradantrieb, bei dem eine elektronisch gesteuerte Lamellenkupplung den Kraftfluss zwischen den beiden Achsen regelte. Im Normalbetrieb wurden nur die Hinterräder angetrieben. Bei rutschigem Untergrund oder wenn es im Gelände zur Sache ging, zweigte die Elektronik bis zu 50 Prozent der Antriebskraft auf die Vorderräder ab. Für den Fall der Fälle stand noch eine Untersetzung im Verhältnis 2,48:1 parat, welche der Fahrer zuschalten konnte.

Nach vier erfolgreichen Jahren stand 2006 eine Modellpflege an. Äußerlich hielt man sich an den Grundsatz „never change a winning team", garnierte den Sorento aber mit Schürzen in Wagenfarbe und neuen Heckleuchten. Die aufgrund der neuen Stoßfänger um zwei Zentimeter gewachsene Karosserie war ab sofort steifer, was eine neue kommodere Abstimmung des Fahrwerks erlaubte. Auch im Innenraum legten die Kia-Designer nur behutsam Hand an und verfeinerten die Solidität der Verarbeitung mit neuen Aluminium- und Titanapplikationen.

Technisch tat sich dagegen einiges: ESP war ab sofort serienmäßig und das kräftige SUV konnte nun bis zu 3,5 Tonnen schwere Anhängerlasten ziehen. Der 2,5-Liter-Diesel bekam eine 30-PS-Kraftkur mit größerem Ladeluftkühler, einer variablen Turbinengeometrie und optimierter Motorelektronik spendiert und leistete 170 PS bei einem maximalen Drehmoment von 392 Newtonmeter. Noch im gleichen Jahr verpasste Kia dem Sorento einen neuen V6-Benziner mit 3,3 Litern Hubraum und 241 PS. Dagegen waren der 139-PS-Vierzylinder und der manuell zuschaltbare Allradantrieb nicht mehr im Programm — alle Modelle verfügten jetzt über den elektronisch geregelten Allradantrieb.

Die im Herbst 2009 eingeführte zweite Generation des Sorento setzte den Erfolg seines Vorgängers fort. Kurz nach seiner Premiere auf dem deutschen Mark heimste das SUV schon die erste Ehrung ein: Er wurde von dem Magazin „Auto Bild Allrad" zum „Allrad-Auto des Jahres" gewählt. Vor allem die progressive, von Peter Schreyer kreierte, visuell-dynamische Formensprache, mit dem immer mehr zum Markenzeichen werdenden Tigernasen-Kühlergrill und den schnörkellosen Linien begeisterte das Publikum. Die grundlegenden Proportionen unterstützen den athletischen Auftritt. Der neue Sorento ist 4,67 Meter lang und übertrifft den Vorgänger damit um zehn Zentimeter, duckt sich dabei drei Zentimeter tiefer über den Asphalt und hat eine breitere Spur. Das Fahrwerk ist straffer abgestimmt als zuvor, was der Straßenlage zugutekommt. Vorne sind nun McPherson-Federbeine verbaut, zudem hat eine Mehrfachlenkerachse die bisherige Starrachse abgelöst.

Bei der Karosserie brachen ebenfalls neue Leichtbauzeiten an. Seit dem Modellwechsel basiert der Sorento auf einem selbsttragenden Fahrwerk und ist bis zu 215 Kilogramm leichter als die Vorgängergeneration. Diese Gewichtsreduktion fand natürlich nicht auf Kosten der Sicherheit statt: Beim Euro NCAP-Test erreichte der Sorento fünf Sterne. Die aktive Sicherheit ist ebenfalls auf höchstem Niveau: Von ABS über eine Berganfahrhilfe bis ESP ist alles serienmäßig an Bord. Auf Wunsch ist der schicke SUV auch mit reinem Frontantrieb erhältlich. Trotzdem steht der Sorento auch im Gelände seinen Mann. Bei der Allradversion sorgt eine elektronisch gesteuerte Drehmomentverteilung für Traktion, wenn es über Stock und Stein geht. Bei aktiviertem Lock-Modus wird die Kraft paritätisch zwischen den beiden Achsen verteilt. Die Bodenfreiheit beträgt 18,4 Zentimeter und der vordere Böschungswinkel 25,1 Grad. Die Kraftübertragung erfolgt standardmäßig über ein manuelles Sechsgangschaltgetriebe; optional steht eine neu entwickelte Automatik zur Verfügung, welche ebenfalls über sechs Fahrstufen verfügt. Steht der Sorento länger als fünf Sekunden still, wird automatisch der Leerlauf eingelegt. Auch die innere Reibung des Getriebes wurde optimiert. Dadurch konnte der Verbrauch um bis zwölf Prozent gesenkt werden.

Ein weiteres Element der Kausalkette von ansprechenden Fahrleistungen und Effizienz stellen natürlich die Motoren. Dabei konzentrierte sich Kia auf das Wesentliche und brachte mit der zweiten Generation des SUV zwei Vierzylinder-Aggregate an den Start: einen überarbeiteten 2,4-Liter-Benziner mit 174 PS und einen komplett neuen Vollaluminium-Diesel, der 197 PS mobilisiert. Der Selbstzünder hat alles, was ein modernes Triebwerk ausmacht, angefangen von einem Common-Rail-System bis hin zu Piezo-Einspritzdüsen. Der Verbrauch ist mit lediglich 6,5 l/100 km (beim Allrader ein Liter mehr) angesichts der Fahrleistungen absolut zeitgemäß. Die Feinabstimmung der einzelnen Komponenten macht sich auch in einem deutlich reduzierten Geräuschpegel bemerkbar. Bei einer Geschwindigkeit von 110 km/h dringen gerade mal 64 dB in den Innenraum. Dass der Sorento in den Außenabmessungen zugelegt hat, schlägt sich natürlich auch auf das Raumangebot nieder. Das SUV hat fünf Plätze; optional lässt sich eine weitere Sitzreihe installieren. Das Kofferraumvolumen legte um 20 Prozent zu und fasst jetzt zwischen 528 und 1.582 Liter. Umfangreiche Assistenzsysteme sind zudem bei jedem modernen Auto ein Muss. Auch hier hat die zweite Generation einen entscheidenden Schritt nach vorne gemacht. Eine Klimaanlage, ein Audiosystem, ein Bordcomputer und Leichtmetallfelgen sind ab Werk an Bord. Ein Navigationssystem mit Sieben-Zoll-Touchscreen ist ebenso erhältlich wie eine Rückfahrkamera und eine Zwei-Zonen-Klimaautomatik.

Auf dem Pariser Autosalon 2012 feierte die Modellüberarbeitung des Sorento ihre Weltpremiere. LED-Tagfahrlicht, neue Heckleuchten, veränderte Stoßfänger und senkrecht stehende Nebelleuchten sind die auffälligsten optischen Unterschiede. Das zweiteilige Glas-Panoramadach hat nun keine Strebe mehr und lässt somit noch mehr Licht in den Innenraum. Die Überarbeitung der Oberflächen und der aerodynamische Feinschliff summieren sich zu einer Senkung des c_W-Werts von 0,38 auf 0,34. Bei der Karosserie wurde der Anteil der hochfesten Stähle auf über 70 Prozent gesteigert, was die Sicherheit der Passagiere optimiert sowie die Verwindungssteifigkeit noch einmal erhöht.

Im Innenraum lässt sich die Modellpflege auch haptisch genießen. Unterschäumte Flächen und hochwertige mattverchromte Türgriffe, Schalter und Blenden strahlen Wertigkeit aus. Der Bildschirm hat nun eine Diagonale von sieben Zoll. Neue Sitze mit Ventilationsfunktion und eine beheizbare zweite Sitzreihe runden optional die Ausstattungsangebote ab. Die Beinfreiheit legte ebenfalls zu — in der zweiten Reihe um 30 Millimeter, in der dritten sind es neun Millimeter. Der Gepäckraum wuchs zudem von 660 auf 1.675 Liter. Der 2,4-Liter-Benziner aus der „Theta II"-Baureihe bekam mit der Modellpflege eine Direkteinspritzung. Die Leistung des Kia Sorento 2.4 GDI liegt somit um 18 PS höher und beträgt jetzt 192 PS. Das Drehmoment erhöhte sich um 17 Newtonmeter auf 242 Newtonmeter. Das Fahrwerk wurde ebenfalls weiterentwickelt: Die Hinterachse hat nun größere Buchsen, längere Längslenker und einen verbesserten Hilfsrahmen für noch mehr Präzision.

Kia Opirus

Der Luxusliner

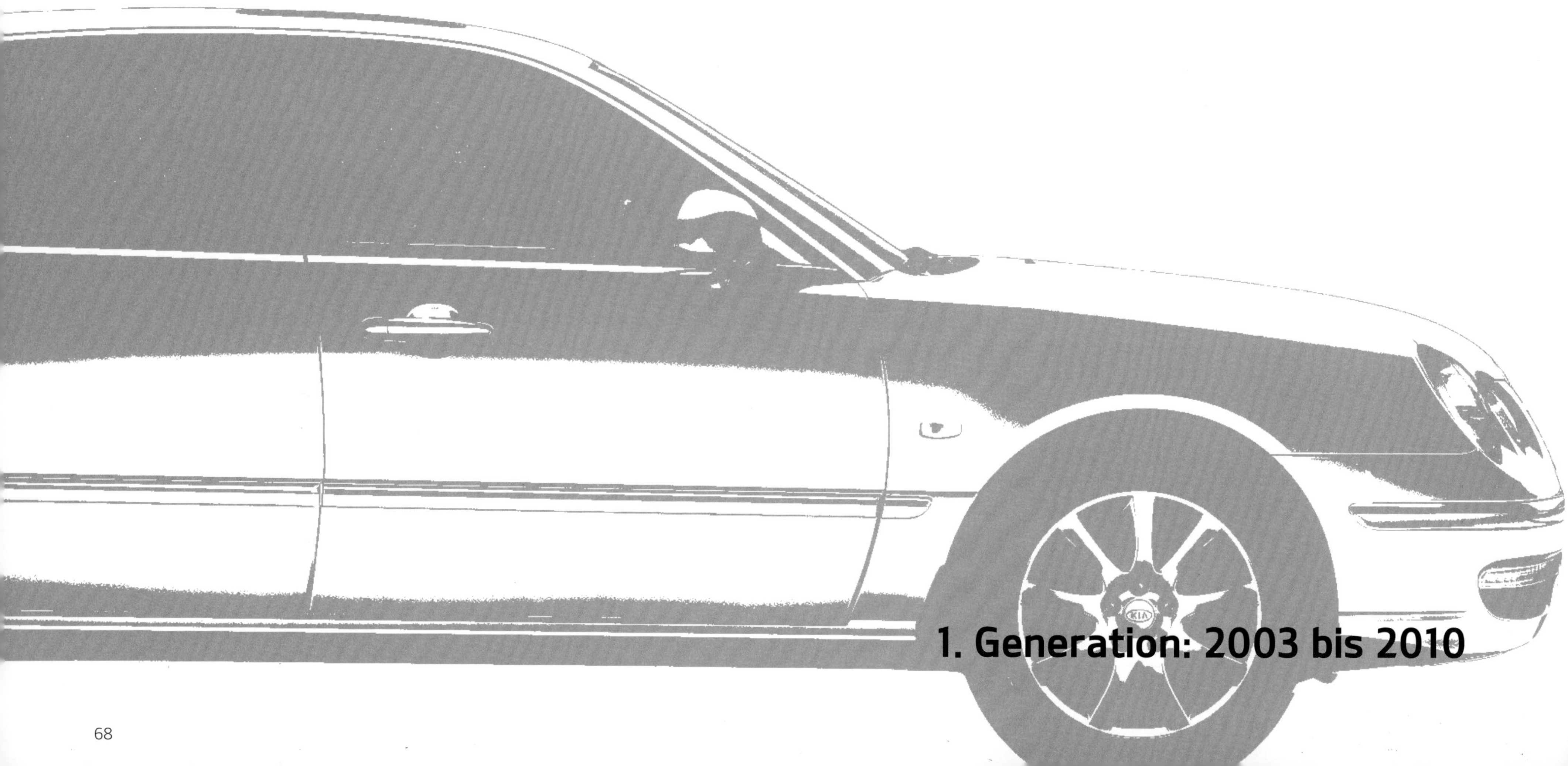

1. Generation: 2003 bis 2010

Wenn man den Namen Opirus hört, denkt man instinktiv an das Wort „opulent". Auch wenn diese Assoziation im Fall des Kia Opirus durchaus zutreffend wäre, stammt der Name der Stufenhecklimousine doch von der mesopotamischen Stadt Ophir ab — eine Anspielung auf Luxus und Stil. Bei einem Automobil der Premiumklasse sind solche Assoziationen durchaus gewünscht.

Rund 167 Millionen Euro investierte Kia in die Entwicklung der Luxuslimousinen-Plattform. Als Resultat hielt der Opirus, was sein Name versprach. In dem 4,98 Meter langen, 1,85 Meter breiten und 1,49 Meter hohen Fahrzeug ließ es sich fürstlich reisen, fanden sowohl die Passagiere im Fond als auch auf den Vordersitzen reichlich Platz — solch ein Raumgefühl mit orientalisch anmutendem Luxus für einen Preis von 36.600 Euro bot nur der Kia Opirus. Das Kia-Flaggschiff offerierte fast alles, was das Premiumautomobilherz begehrte: Vollederausstattung, Zwei-Zonen-Klimaautomatik, acht Airbags, Regensensor, elektrisch verstellbares Lenkrad, Xenonlicht, elektronische Stoßdämpferverstellung und das Fahrstabilitätsprogramm ESP.
Auf der kurzen Aufpreisliste standen lediglich die Metallic-Lackierung und ein Becker-Navigationsradio mit integriertem Telefon.

Der V6-Motor mit 3,5 Litern Hubraum wuchtete 203 PS auf die Kurbelwelle und vermittelte im Zusammenspiel mit der Fünfgangautomatik eine Oberklassen-angemessene Gleitsouveränität. Dank des bulligen Drehmoments von 298 Newtonmeter schob das Triebwerk den knapp 1,9 Tonnen schweren Luxusliner in jeder Fahrsituation problemlos und mit Leidenschaft an. Auch wenn Angaben wie die Höchstgeschwindigkeit von 220 km/h oder die Beschleunigung von null auf 100 km/h in 9,2 Sekunden sich bei einem Gentleman-Mobil wie dem Opirus eigentlich verbieten, seien sie dennoch genannt, um das Leistungsvermögen des potenten Triebwerks zu illustrieren.

2007 (also gut vier Jahre nach Markteintritt) legten die Entwickler noch einmal Hand an ihr Flaggschiff. Heraus kamen ein verändertes Design, ein stärkerer Motor, eine Diät und eine noch einmal aufgewertete Ausstattung. Aber der Reihe nach: Wie meist bei umfassenden Modellpflegen gibt die Optik schon Auskunft über den Grad der Veränderung. Beim Kia Opirus passierte einiges. Die Designer senkten die Vorderkante der Motorhaube ab, der erkennbar

breitere Kühlergrill bekam weichere Konturen und wurde um 6,5 Zentimeter weiter nach vorne gerückt. Die Kofferraumklappe wanderte ebenfalls um 0,8 Zentimeter nach oben, und das Heck war zwei Zentimeter länger als zuvor. Damit erreichte der Kia Opirus eine Länge von fünf Metern. Da auch die Spur breiter wurde, stand der neue Opirus ebenso souverän auf der Straße wie sein Vorgänger. Die innovativen LED-Blinker in der Frontschürze gaben dem großen Kia-Kreuzer ein unverkennbares Merkmal.

Auch wenn das Armaturenbrett und die Mittelkonsole verändert wurden, die grundlegende Wohnlichkeit des Innenraums ließen die Ingenieure unangetastet. Die hintergrundbeleuchteten Rundinstrumente gaben jederzeit zuverlässig Auskunft, und die angenehm edlen Holzapplikationen verströmten eine behagliche Gemütlichkeit, die sich durch den Radstand von 2,80 Metern auch räumlich auf alle Insassen erstreckte. Apropos behaglich: Nun gehörten auch kühlbare Vordersitze und elektrisch verstellbare Pedalen zur Serienausstattung des noblen Luxusliners. Die Sicherheit der Passagiere erhöhte sich durch Verstärkungen der Karosserie, im Zuge derer die vordere Spritzwand verbessert wurde, Querträger im Kabinenboden, in den Türschwellern und B-Säulen verstärkt und größere Seitenairbags in den Vordersitzen verbaut wurden.

Bei der Technik tat sich ebenfalls einiges: Ein 266 PS starkes und damit um 57 PS kräftigeres 3,8-Liter-V6-Triebwerk löste den bisherigen Motor ab. Das kam einer Leistungssteigerung von gut 30 Prozent gleich. Das Vitaminplus schlug sich selbstredend auch in den Fahrleistungen nieder. Der Kia Opirus erreichte die 100-km/h-Marke jetzt in 7,5 Sekunden und war damit um 1,7 Sekunden schneller als der Vorgänger. Die Höchstgeschwindigkeit steigerte sich um zehn auf 230 km/h. Dieser Leistungszuwachs ging nicht zu Lasten des Verbrauchs — ganz im Gegenteil: Der Durchschnittsverbrauch sank um rund fünf Prozent auf 10,9 Liter Normalbenzin pro 100 Kilometer. Durch eine veränderte Fahrwerkskinematik (bei gleichzeitiger Reduzierung des Gewichts um 100 Kilogramm) verbesserten sich der Komfort und die Fahrdynamik. Letzteres wurde auch durch eine Neuprogrammierung des elektronischen Dämpfersystems ermöglicht.

Kia Cerato

Kompakt und vielseitig

1. Generation: 2004 bis 2008

Im Sommer 2004 kam Kias Kompaktmodell Cerato nach Deutschland. Um in dem umkämpften Brot-und-Butter-Segment erfolgreich zu sein, musste man damals wie heute schon etwas Besonderes bieten.

Damals kämpften gut 30 Modelle und Hersteller um die Gunst des Kunden. Gut, da war der Name Cerato. Dieser stammt von einer tibetanischen Pflanze, die das Urteilsvermögen stärken soll. Ein solches Doping brauchte man nicht notwendigerweise, um die Stärken des Kompaktmodells herauszufinden. Denn da waren zum einen die Garantie über fünf Jahre inklusive kostenloser Jahresinspektionen und dann zum anderen der Preis und das dafür Gebotene. Für den Einstiegstarif von 13.600 Euro gab es in der LX-Stufenheckvariante immerhin sechs Airbags und ABS zum 1,6-Liter-Benzinmotor mit 105 PS. Wer sich für die EX-Variante entschied, bekam den Cerato schon ab Werk mit einer nahezu kompletten Ausstattung — unter anderem also mit Bordcomputer, automatischem Fahrlicht, Klimaautomatik, Tempomat und einer automatischen Abschaltung der Kraftstoffversorgung bei einem Unfall.

Außerdem hatte der Käufer die Wahl zwischen einer Stufen- und einer Fließheckversion.

Neben dem Einstiegsbenziner standen noch ein weiterer Ottomotor mit variabler Ventilsteuerung (CVVT, 143 PS) und der bewährte 2,0-Liter-Diesel mit 113 PS zur Verfügung. Dank des imposanten Radstandes von 2,61 Metern freuten sich die Passagiere über jede Menge Beinfreiheit. Mit einer Länge von 4,34 bis 4,48 Metern (als Fließheck- beziehungsweise Stufenheckversion) siedelte sich der Cerato am oberen Ende der Kompaktklassenskala an. Das Design mit großen Klarlichtleuchten und einem prominenten Kühlergrill verzichtete auf übertriebene Effekthascherei. Genauso unaufgeregt wie das Aussehen verhielt sich auch das Fahrwerk, das von den Ingenieuren im Technikzentrum in Rüsselsheim auf den europäischen Geschmack abgestimmt wurde.

Schon im September 2005 stand eine Modellpflege auf dem Plan. Der Kühlergrill hatte nun eine Strebe, und die Motorenpalette wurde um einen 1,5-Liter-Diesel reicher. Der CRDi lieferte 102 PS und gab sich mit 4,9 l/100 km zufrieden. Dieser Durchschnittsverbrauch war auch auf dem Bordcomputer abzulesen. Das mp3-fähige CD-Radio wurde in das Serienausstattungspaket übernommen, beide Dieselmotoren konnten auf Wunsch mit offenen Partikelfiltern geordert werden.

Kia Picanto

Schicker Knirps

1. Generation: 2004 bis 2011

2. Generation: ab 2011

Mit dem Kia Picanto brachte Kia 2004 ein Modell für den Kleinwagenmarkt. In diesem preissensitiven Segment hat nur ein gut geschnürtes automobiles Paket eine Chance, beim Kunden anzukommen.

Genau das bot Kia mit dem Picanto, dessen Name ein zusammengesetztes Kunstwort aus „pikant“ und dem italienischen „canto“ ist, was „ich singe“ bedeutet. In Korea trägt das Basismodell hingegen den Namen „Morning“. Um hierzulande Erfolg zu haben, wurden der Kia Picanto und sein Fahrwerk im Rüsselsheimer Entwicklungszentrum auf den europäischen Markt abgestimmt. Der 3,50 Meter lange Kleinwagen traf mit seinen großen Klarglas-Scheinwerfern, dem prominenten Kühlergrill und den geraden Linien den Geschmack der Käufer. Der Einstiegstarif von 8.700 Euro entsprach dabei einem guten Preis-Leistungs-Verhältnis. Schon die Ausstattung der Basisversion LX beinhaltete vier Airbags und einen Seitenaufprallschutz in allen vier Türen. Dazu kamen noch ABS, elektronische Bremskraftverteilung, Lederlenkrad, Lederschaltknauf, die asymmetrisch geteilt umklappbare Rücksitzlehne sowie eine Zentralverriegelung ohne Fernbedienung. Orderte man die 1.650 Euro teurere EX-Ausstattungsvariante, gab es unter anderem eine Klimaanlage und eine Servolenkung.

Der Innenraum hatte insgesamt 19 Ablagefächer. Das Fahrwerk bestand aus einer Vorderachse mit McPherson-Federbeinen, Dreieckslenker und Stabilisatoren. Hinten war eine Verbundlenkerachse mit Schraubenfedern verbaut. Als Motor stand zunächst ein 1,1-Liter-Reihen-Vierzylinderbenziner der Epsilon-Baureihe mit 65 PS zur Verfügung, welcher eine Höchstgeschwindigkeit von 155 km/h schaffte. Gegen Aufpreis konnte der Ottomotor mit einer Viergangautomatik kombiniert werden. Später kam ein Dreizylinder-1,1-Liter-CRDi-Diesel mit 75 PS hinzu, der es immerhin auf 162 km/h Spitze brachte.

In den folgenden Jahren wurde der Picanto kontinuierlich weiterentwickelt. Im Dezember 2007 gab es eine große Zäsur, bei der auch das Design eine umfassende Änderung erfuhr. Der Picanto war jetzt deutlich runder, und statt der kantigen Scheinwerfer zierten jetzt tropfenförmige sein Gesicht. Auch der Kühlergrill bekam eine andere Form: Er wurde breiter und trapezförmig. Die runderen Rückleuchten bildeten den logischen Abschluss des Kia Picanto. Insgesamt legte der Kleinwagen um vier Zentimeter zu, wobei schon drei Zentimeter das Resultat des veränderten Vorderwagens waren. Im Innenraum spendierten die Entwickler dem schicken Knirps eine modifizierte Mittelkonsole und teilweise neue Materialien. Die rot leuchtenden Armaturen ähnelten dem Kia cee'd, und auch technisch fand eine Evolution statt. ESP war nun optional erhältlich, die Ausstattungsvarianten wurden umfangreicher: Unter anderem waren nun ein Sportpaket und eine Audioanlage mit AUX- und USB-Anschluss als Sonderausstattung möglich. Unverändert blieben der Radstand mit 2,37 Metern, die Türen, die Heckklappe und alle Elemente der Rohkarosserie. Konstant zeigte sich auch die große Akzeptanz, die der kleine Kia bei den Experten erfuhr. So kürte das Jahresmagazin „ADAC-Autotest Neuwagen 2008“ den Kia

zum Preis-Leistungs-Sieger im Segment „Kleinwagen unter 10.000 Euro". Dabei setzte sich der Picanto gegen VW Fox, Smart Fortwo, Suzuki Splash und Daihatsu Cuore durch.

Im Mai 2011 kam die zweite Generation nach Deutschland, um die Nachfolge des erfolgreichen Kleinwagens anzutreten. Um den Kundenwünschen gerecht zu werden, bekamen die Picanto-Fahrer die Wahl zwischen dem klassischen Fünftürer und einem Dreitürer, der seit Oktober 2011 erhältlich ist. Bei den Abmessungen hat der kleine Kia zugelegt: Er ist jetzt 3,60 Meter lang und hat einen um 1,5 Zentimeter gewachsenen Radstand, was die Platzverhältnisse im Inneren positiv beeinflusst. Hierdurch ist die Beinfreiheit von Fahrer und Beifahrer um 36 Millimeter gewachsen, der deutlich größere Gepäckraum fasst nun 200 Liter. Am auffälligsten aber ist das Design, welches unter der Leitung von Peter Schreyer entstand. Mit dem markanten Tigernasen-Markengesicht und der ansteigenden Fenster-Schulter-Linie beschreibt das Adjektiv „knackig" den Picanto am besten.

Da die Kunden immer mehr den Wunsch nach Individualisierung verspüren, bietet der aktuelle Kia Picanto fünf verschiedene Ausstattungslinien. Mit den LED-Tagfahrleuchten, dem beheizbaren Lenkrad oder dem schlüssellosen Startsystem sind für den Picanto Extras erhältlich, die es normalerweise nur für klassenhöhere Modelle gibt. Als Motoren kommen zwei Benziner der „Kappa"-Baureihe zum Einsatz: Der Dreizylindermotor mit einem Liter Hubraum hat 69 PS, begnügt sich beim Einsatz des Start-Stopp-Systems ISG mit durchschnittlich 4,1 l/100 km und emittiert dabei 95 Gramm CO_2/km. Das 85 PS starke 1,2-Liter-Triebwerk gibt sich trotz der Mehr-PS in dieser Konfiguration mit einem Durchschnittsverbrauch von 4,5 l/100 km zufrieden. Beide Antriebe sind standardmäßig mit einem Fünfgangschaltgetriebe gekoppelt. Der 1,2-Liter-Benziner kann alternativ mit einer Vierstufenautomatik bestellt werden.

Das Kia-Garantieversprechen steht dem Können des Picanto in nichts nach: Auch beim Kleinwagen greift die 7-Jahre-Kia-Herstellergarantie (oder 150.000 km), die Zwölfjahresgarantie gegen Durchrostung, fünf Jahre oder 150.000 Kilometer auf den Lack und seit 2013 sieben Jahre Mobilitätsgarantie. Wie gut der neue Picanto einschlug, zeigten die Bewertungen der Fachpresse. Im Vergleichstest der „Auto Bild" — Ausgabe 6/2011 — setzte sich der kleine Kia souverän gegen den Suzuki Alto, Hyundai i10, Daihatsu Cuore, Fiat Panda und Peugeot 107 durch. Die Juroren beeindruckten vor allem das Platzangebot, die präzise Lenkung, der Komfort und die siebenjährige Garantielaufzeit.

Das Fazit der „Auto Bild"-Redaktion fiel auch dementsprechend euphorisch aus: „Der Picanto bringt neues Verwöhnaroma in die Zwergenklasse". Und die Redaktion der Zeitschrift „Auto Test" kürte den Picanto nach der Auswertung von über 500 Tests und Kaufberatungen eines gesamten Testjahres sogar zum „Auto Test Sieger 2012".

Kia cee'd

Aus Europa für Europa

reddot design award
winner 2013

SPECIAL MENTION
AUTOMOTIVE BRAND CONTEST 2012

WINNER
AUTOMOTIVE BRAND CONTEST 2012

1. Generation: 2006 bis 2012
2. Generation: seit 2012

Mit dem cee'd, der im Februar 2007 auf den deutschen Markt kam, brach für Kia eine neue Ära an.

Bisher wurden die Modelle des südkoreanischen Herstellers weitestgehend in den asiatischen Heimatfabriken produziert. Die Modellfamilie des Cerato-Nachfolgers, bestehend aus dem Fünftürer cee'd, dem dreitürigen pro_cee'd und dem Kombi cee'd Sporty Wagon, lief dagegen im slowakischen Zilina vom Band. Die noch einmal gesteigerte Fertigungsqualität im neu errichteten Werk kam auch beim Kunden in Form einer siebenjährigen Herstellergarantie (oder 150.000 Kilometer) gut an. Sie war in der Kompaktklasse bislang unerreicht und beinhaltete fünf Jahre Gewährleistungsversprechen für das gesamte Fahrzeug und die Lackierung sowie zwei weitere Jahre auf den Antriebsstrang, inklusive Motor und Getriebe.

Den Erfolg zeigt auch die Tatsache, dass bereits drei Jahre nach der Eröffnung des Werks in Zilina das 500.000ste in Europa hergestellte Kia-Modell vom Band lief.

Nicht nur die Produktion, sondern auch die gesamte Entwicklung und Konzeption wurden dem europäischen Geschmack angepasst: Rund zwei Drittel der Bauteile kamen von europäischen Zulieferern, das Design entstand im Designzentrum in Rüsselsheim unter der Leitung von Miklós Kovács. Diesem Umstand wurde auch im Kürzel ED (European Design), das beim neuen cee'd im Namen auftauchte, Rechnung getragen. Das Konzept der Europäisierung ging auf, in Tests schnitt der als „Korea-Golf" titulierte cee'd durchweg positiv ab und ist mit mehr als 30 Siegen in Vergleichstests das bis heute erfolgreichste Modell des koreanischen Autobauers.

Diese neue, auf Wachstum und Anpassung an die jeweiligen Märkte ausgerichtete Strategie manifestierte sich auch im Namen des neuen Kompakt-Modells. „cee'd" wird ausgesprochen wie „seed" (das englische Wort für Saat) und deutet an, dass eine neue, auf noch mehr weltweiten Erfolg ausgerichtete Epoche begonnen hat. Charles Lievens, der damalige Senior Vice President von Kia Motors Europe, brachte es auf den Punkt: „Der cee'd ist gleichsam die Saat für die großen Absatzzuwächse, die Kia mit diesem neuen Modell realisieren wird. Wir wollten einen frischen Namen einführen, der zu den zentralen Ansprüchen unserer Marke passt: Qualität, Vertrauenswürdigkeit und Dynamik." Die reale Bedeutung des Namens cee'd ist hingegen „created in europe — europe's design".

Schon die Studie des cee'd, die 2006 auf dem Genfer Salon präsentiert wurde, fand großen Anklang beim Publikum. Das Serienmodell knüpfte nahtlos daran an: Im ersten Jahr nach dem Marktstart wurden der Kia cee'd und der cee'd Sporty Wagon in neun Ländern zum „Auto des Jahres" gewählt. Die Technik teilte sich der cee'd dabei mit dem Schwestermodell Hyundai i30. Durch den langen Radstand beeindruckte vor allem das Platzangebot im 4,23 Meter langen Kompaktauto. Letzteres galt nicht nur für die Passagiere, sondern auch für den Kofferraum, der bis zu 1.300 Liter fasste. Auch die Auswahlmöglichkeiten für die Käufer nahmen zu: Das fünftürige Steilheckmodell wurde mit fünf Motoren, Schalt- und Automatikgetrieben sowie in vier Ausführungen angeboten, die mit verschiedenen Optionen verfeinert werden konnten.

„Wir wollten einen frischen Namen einführen, der zu den zentralen Ansprüchen unserer Marke passt: Qualität, Vertrauenswürdigkeit und Dynamik."

Charles Lievens, ehemaliger Senior Vice President von Kia Motors Europe, 2006

Bei den Ottomotoren wurden die Triebwerke der „Gamma"-Baureihe weiterentwickelt, die über eine variable Ventilsteuerung verfügten. Somit konnte ein breites Leistungsspektrum abgebildet werden: Angefangen von 1,4-Liter-Motor mit 90 PS (ab der Modellüberarbeitung 2009) über den 1,6 Liter (126 PS) und 2,0 Liter (143 PS). Alle Aggregate hatten eine Multipoint-Einspritzung, zwei obenliegende Nockenwellen und eine kontaktlose Zündanlage. Die 1,4- und 1,6-Liter-Aggregate verfügten über einen Aluminiumblock. Bei den Selbstzündern kam ebenfalls neueste Technik zum Einsatz: elektronisch gesteuerte Turbolader mit variabler Turbinengeometrie sowie eine Bosch-Common-Rail-Einspritzung. Der 1,6-Liter-Turbodiesel wurde speziell für den Kia cee'd entwickelt und kam in zwei Varianten — entweder mit 90 oder 115 PS — zum Einsatz. Seit 2010 gibt es diesen Diesel auch mit 128 PS.
Er ersetzte den 2,0-Liter-Motor. Serienmäßiges ESP und eine Traktionskontrolle waren für Kia eine Selbstverständlichkeit. Auch bei den Karosseriefarben (zwölf Farbtöne), der Interieur-Gestaltung und den Optionen war Vielfalt Trumpf. Der cee'd wurde in vier Ausstattungsvarianten (LX Basis, LX, EX und TX) angeboten: Serienmäßig waren unter anderem ein mp3-fähiges CD-Radio, elektrische Fensterheber vorne, Zentralverriegelung mit Funkfernbedienung, ein Multifunktionsdisplay und ein höhen- und tiefenverstellbares Lenkrad.

Bei der Modellüberarbeitung 2009 änderte sich das Design in entscheidenden Punkten. Die Front zierte jetzt erstmals die mittlerweile etablierte Tigernase, der Innenraum wurde ebenfalls frischer und moderner gestaltet. Das merkte man besonders am Lenkrad, bei dem der Pralltopf kleiner gestaltet und durch zwei weitere Speichen ersetzt wurde. Um den cee'd noch populärer zu machen, ließen sich die Marketingstrategen einiges einfallen. Dass Kia als Hauptsponsor der Fussball-EM 2008 und 2012 ein Sondermodell herausbrachte, war logisch. Außerdem übernahm der Hersteller bei Autos, die zwischen Juni und Ende September 2008 gekauft wurden, die Tankkosten für ein Jahr beziehungsweise für eine Distanz von 12.000 Kilometern. Seit dem 01. Januar 2010 gilt auch für den cee'd die 7-Jahre-Kia-Herstellergarantie.

Dass der cee'd der ersten Generation ein Erfolg war, zeigt die Tatsache, dass in Westeuropa etwa 430.000 Einheiten verkauft wurden, davon allein 75.000 in Deutschland. „Dieses Modell hat die Wahrnehmung unserer Marke in der Öffentlichkeit verändert und die Basis für eine Reihe neuer Kia-Modelle in einem breiten Spektrum von Marktsegmenten gelegt", verdeutlicht Martin van Vugt, Geschäftsführer von Kia Motors Deutschland, die Bedeutung des Kompaktmodells. Die zweite Generation des Erfolgsmodells im Kompaktsegment, die seit 2012 auf dem Markt ist, trägt unverkennbar die Handschrift des Kia-Chefdesigners Peter Schreyer. Sie betont noch mehr die Sportlichkeit, was man an der deutlich schrägeren A-Säule erkennen kann. Auch der Doppeltrapezgrill, die Tigernase, unterstreicht im Zusammenspiel mit den schräg stehenden, voller Tatendrang blitzenden Scheinwerfern den selbstbewussten Auftritt, der durch ein neues schlichteres Markenlogo auf der Motorhaube noch abgerundet wird.

Zudem hat der cee'd etwas in der Länge zugelegt und bringt es jetzt auf 4,31 Meter. Die breitere Spur (vorne plus 1,7 Zentimeter, hinten plus 3,2 Zentimeter) lässt ihn zudem noch satter auf der Straße stehen. Dass schön auch funktionell und aerodynamisch sein kann, zeigt der c_W-Wert von 0,30 für die Schrägheckversion. Der dynamischere Auftritt kam an. Schon kurz nach der Markteinführung wurde der neue cee'd beim „Automotive Brand Contest 2012" für sein Außen- und Innendesign ausgezeichnet. „Das Interieur der ersten cee'd-Generation war bereits hochwertig. Doch mit dem neuen Modell haben wir bei der Designsprache und Architektur des Innenraums wiederum einen großen Schritt nach vorne gemacht", sagte Gregory Guillaume, Designchef von Kia Motors Europe. Die Materialien sind durchgängig hochwertig, Soft-Touch-Oberflächen wechseln sich mit Chromelementen und — je nach Ausstattung — Aluminiumapplikationen ab. Sie verleihen dem Interieur eine edle Wohnlichkeit. Das Cockpit mit den in tiefen Röhren liegenden Rundinstrumenten wirkt aufgeräumt und übersichtlich. Der hochauflösende Tacho ist so gestochen scharf, dass man den Unterschied zu einem analogen Instrument nicht erkennt — und sieht dabei auch noch extrem gut aus. Platz ist im neuen Kia cee'd ausreichend, denn das Fassungsvermögen des Kofferraums hat um 40 Liter auf 380 Liter zugelegt; klappt man die Rückbanklehnen um, werden sogar 1.318 Liter daraus.

Die Motorenpalette wurde ebenfalls weiter überarbeitet, sodass der Verbrauch im Durchschnitt um vier Prozent gesenkt werden konnte. Der Kunde kann heute zwischen vier Aggregaten (zwei Diesel und zwei Benziner) wählen, die ein Leistungsspektrum von 90 bis 135 PS abdecken. Highlight ist zweifelsohne der neue 1,6-Liter-GDI-Direkteinspritzer mit 135 PS. Statt der serienmäßigen manuellen Sechsgangschaltung kann dieses Triebwerk auch mit einem Doppelkupplungsgetriebe kombiniert werden. Das DCT ist eine Kia-Eigenentwicklung, die zusammen mit einem deutschen Zulieferer durchgeführt wurde. Sie demonstriert eindrücklich die Technikkompetenz der Südkoreaner. Besonders herausstechend sind dabei die technischen Daten des 1,6-Liter-Dieselmotors: Mit nur 97 g CO_2 hat Kia es auch im C-Segment geschafft, seine herausragende technische Kompetenz unter Beweis zu stellen. Kein Wunder, dass die hochkarätige Jury des „red dot design award" den Kia cee'd 2012 zum „Winner" kürte. Seit Juni 2013 hat der Kia cee'd mit dem 204 PS starken GT ein sportliches Topmodell, angetrieben von einem 1,6 Liter großen Benzindirekteinspritzer mit Twin-Scroll-Turbolader, der den Fronttriebler in 7,7 Sekunden auf 100 km/h beschleunigt und 230 km/h Spitze möglich macht.

Kia cee'd Sporty Wagon/ Sportswagon

Das Raumwunder

reddot design award
winner 2013

1. Generation: 2007 bis 2012
2. Generation: ab 2012

Im Zuge der Modellerweiterung im Kompaktsegment brachte Kia Ende 2007 die Kombivariante des cee'd auf den Markt. Der Name des geräumigen Ablegers: Kia cee'd Sporty Wagon.

Mit einem Längenplus von 23,5 Zentimetern erfüllte das 4,47 Meter lange Derivat die wichtigste Voraussetzung einer Raumvariante des Kia cee'd. Mit einem Stauraum von 534 bis 1.664 Litern bei umgelegten Rücksitzlehnen übertraf der Kombi die Steilheckvariante beim maximalen Wert um 364 Liter.

Bis zur B-Säule waren der cee'd und der cee'd Sporty Wagon identisch. Aber natürlich unterschied sich das Heck des cee'd-Kombis grundlegend von dem des Steilheckbruders. Die L-förmigen Rückleuchten zogen sich lang in die hinteren Kotflügel. Auch die weit aufschwingende Heckklappe hob sich von den kürzeren Varianten ab. Sie wurde um 22,5 Zentimeter nach vorne gesetzt und reichte daher weit in das Dach hinein. Positiver Nebeneffekt: Durch diesen technischen Kniff verringerte sich der Öffnungsradius merklich, sodass die Klappe nun auch in beengten Parksituationen geöffnet werden konnte. Eine mit 59 Zentimetern Höhe niedrige Ladekante erleichterte zudem das Beladen des geräumigen Gepäckabteils.

Obwohl alle drei cee'd-Modelle — cee'd, pro_cee'd und cee'd Sporty Wagon — zeitgleich entwickelt wurden, wiesen sie trotz aller Gemeinsamkeiten klare konzeptionelle Unterschiede auf, um verschiedene Käuferschichten anzusprechen. Der Sporty Wagon war der Lademeister des Trios, während der pro_cee'd eher dynamische Käufer ansprach und

der cee'd die ausgewogene Mischung aus allem darstellte. Das Interieur und die Ausstattungsvarianten des Sporty Wagon waren dagegen identisch mit denen des Fünftürers, zumal auch der Radstand mit 2,65 Metern gleich blieb. Auch die Motorenauswahl unterschied sich nicht von der „normalen" Version. Das bedeutete, dass auch der cee'd-Kombi mit fünf Triebwerksvarianten angeboten wurde — zwei Dieseln mit variabler Turbinengeometrie und drei Benzinern mit variabler Ventilsteuerung. Das Leistungsspektrum der Motoren reichte von 90 bis 143 PS.

Bei der Modellpflege zum Modelljahr 2010, die auf der IAA 2009 zu bewundern war, legte der cee'd Sporty Wagon noch einmal um zwei Zentimeter in der Länge zu und brachte es jetzt auf 4,49 Meter. Der Löwenanteil des Wachstums kam durch den neu gestalteten Vorderwagen mit der charakteristischen Kia-Tigernase zustande. Deswegen blieben auch die Ladevolumina unverändert. Kleine optische Retuschen gaben dem cee'd Sporty Wagon allerdings eine dynamischere Silhouette: Durch die verlängerte Front und die tiefer gesetzten Außenspiegel sind die Facelift-Versionen des cee'd und cee'd Sporty Wagon in der Seitenansicht flacher und schlanker als ihre Vorgänger. Genauso wie die beiden kürzeren Verwandten bekam auch der cee'd Sporty Wagon im Zuge der Modellpflege den neuen 1,6-Liter-CRDi-Diesel mit 128 PS als Motorenoption; auch die veränderte Abstimmung des cee'd-Fahrwerks wurde beim cee'd Sporty Wagon übernommen.

Seit September 2012 ist der Nachfolger auf Basis des neuen cee'd am Markt erhältlich. In der zweiten Generation von Kias Kompaktmodell wurde aus Sporty Wagon der Sportswagon. Doch bei aller orthographischen Differenzierung bleibt das Prinzip unverändert. Bis zur B-Säule sind der neue cee'd und seine Kombivariante identisch — nur das Heck unterscheidet sich. Der Sportswagon ist 20 Zentimeter länger als die Schrägheckversion, die Auswirkungen auf die Ladekapazität sind beachtlich: Während der cee'd 380 bis maximal 1.318 Liter fasst, sind es beim Sportswagon zunächst 528 Liter plus das 43 Liter große Ablagefach im Gepäckraumboden. Bei umgeklappter Rückbank vergrößert sich der Laderaum des Sportswagon (inklusive seines Ablagefachs im Boden) auf bis zu 1.642 Liter. Das Prinzip der weit in das Dach hineinragenden Heckklappe hat man vom Vorgänger übernommen. Dadurch können bis zu 1,89 Meter große Personen unter der Hintertür stehen.

Schon beim Sporty Wagon waren die Heckleuchten schmaler. Zudem zierte eine Dachreling den cee'd-Kombi. Da das Design der C-Säulen und der hinteren Türen beim Sportswagon nun geradliniger verläuft und auf den ansteigenden Kia-Knick verzichtet wurde, vergrößern sich die Fensterflächen im Sportswagon. Die ansteigende Unterkante der Seitenfenster läuft bei der Kombiversion fast bis zu den Rückleuchten. Das sieht nicht nur dynamisch-elegant aus, sondern erlaubt den Fondpassagieren auch einen besseren Ausblick.

Beim Sportswagon zählen Ausstattungsmerkmale wie ein Gepäckraumtrennnetz und die Zwölf-Volt-Steckdose zum Standard. Mit einem ausgetüftelten Schienensystem lassen sich unterschiedliche Gepäckstücke und Gegenstände zudem einfach und zuverlässig fixieren. Ansonsten ist die Modellpolitik identisch zum Fünftürer. Das sportliche Cockpit mit den Rundinstrumenten und der neue, feine Materialmix zeichnen auch den Sportswagon aus. Auch die Kombivariante bietet vier Motoren zur Auswahl, die 90 bis 135 PS leisten. Darunter das neue Gasoline-Direct-Injection-Triebwerk (GDI), also ein moderner Benzindirekteinspritzer mit 135 PS, einem Drehmoment von 165 Newtonmeter und einer Höchstgeschwindigkeit von 192 km/h, der von einem 100-PS-1,4-Liter-Benziner ergänzt wird. Bei den Dieselmotoren ist die 128-PS-Version die stärkste Variante. Sie wird flankiert von einem 90-PS-Selbstzünder mit Wastegate-Turbolader. Durch die verbreiterte Spur sowie verschiedene Modifikationen des Fahrwerks wurden Handling, Fahrkomfort und Laufruhe der neuen cee'd-Generation verbessert. Möglich wurde dies durch die deutlich erhöhte Verwindungssteifigkeit der neuen Karosserie, die beim cee'd Sportswagon plus 51 Prozent beträgt. Auch für dieses Modell gilt das umfassende 7-Jahre-Kia-Qualitätsversprechen. Im Jahre 2013 erhielt der Kia cee'd Sportswagon den Designpreis „red dot design award".

Kia pro_cee'd

Dynamik potenziert

reddot design award
best of the best 2013

iF
product
design award
2013

1. Generation: 2008 bis 2013
2. Generation: seit 2013

Um als Autohersteller Erfolg zu haben, muss man die Anzahl der Modellvarianten erhöhen. Da sich Kia auch als junge, sportlich-dynamische Marke versteht, lag es auf der Hand, dass ein Dreitürer das Portfolio des Erfolgskompakten erweitern sollte.

Auf der Internationalen Auto Ausstellung (IAA) 2007 in Frankfurt war es so weit: Der neue Kia pro_cee'd, der auf der Technik des fünftürigen Bruders basierte, wurde vorgestellt. Dabei präsentierte sich der Dreitürer als komplett eigenständiges Modell. Chefdesigner Peter Schreyer wendete beim pro_cee'd die klassische Formel eines sportlichen Designs an: Flacher und länger. Der pro_cee'd ist 15 Millimeter länger als der cee'd, dafür das Dach um drei Zentimeter tiefer und der Radstand mit 2,65 Metern durchaus beachtlich.

Die knackigen Proportionen fanden sofort großen Anklang. Natürlich wurde nicht nur die Silhouette verfeinert. Die ganze Designsprache war mehr auf Dynamik ausgelegt, sodass auch die ansteigende Schulterlinie, die sich quer über die Flanke zog, akzentuierter war als bei den beiden Modellbrüdern. Auffällig war zudem die Fahrzeugfront mit der deutlich flacheren Windschutzscheibe, den um 27,6 Zentimeter längeren Türen und den mandelförmig-grazilen, tief in die Kotflügel hineingezogenen Scheinwerfern, die keck in die Welt blitzten. Der Kühlergrill war schmaler, die Stoßfänger mit dem tief liegenden trapezförmigen Lufteinlass und den großen, in elliptischen Vertiefungen versenkten Nebelscheinwerfern breiter und niedriger.

Das Heck der ersten pro_cee'd-Generation unterschied sich grundlegend von der fünftürigen Version und wirkte nicht zuletzt durch den markanten Stoßfänger wuchtiger als bei den anderen Vertretern der cee'd-Reihe. Die Scheibe fiel flacher ab, und die schmaleren Heckleuchten schmiegten sich parallel zu den Radläufen in den hinteren Kotflügel ein. Dennoch war der Kofferraum mit 340 Litern genauso geräumig wie beim Fünftürer, von dem die Motorenpalette ebenso übernommen wurde wie die 7-Jahre-Kia-Herstellergarantie. Weniger als zwei Monate nach der Premiere 2007 lief auch der erste Kia pro_cee'd im Werk in Zilina vom Band — sechs Wochen früher als geplant.

Optik ist eine Sache, echte Dynamik eine andere. Deswegen stellte der Dreitürer sein fahrtechnisches Vermögen 2008 beim anspruchsvollen 24-Stunden-Rennen auf der Nordschleife unter Beweis. Dabei handelte es sich um keinen hochgezüchteten Sportler, sondern um ein seriennahes Auto, das mit Straßenzulassung an den Start ging und nur in zwei Bereichen modifiziert wurde: Der 2,0-Liter-CRDi-Motor hatte 168 statt 140 PS und das Sicherheitskonzept wurde den Rennsportregularien angepasst. Der Demonstrationslauf war ein Erfolg: Der von den Italienern Alberto Bergamaschi, Gianni Bellandi, Paolo Cecchellero und Edo Varini gefahrene pro_cee'd behauptete sich nicht nur in seiner Klasse, in der 220 zumeist deutlich stärker motorisierte Fahrzeuge am Start waren, sondern machte zudem über 100 Plätze gut. Er beendete das legendäre Kräftemessen in der Eifel nach 111 Runden auf dem 104. Rang.

Bei der ersten Modellüberarbeitung stand 2010 die Technik im Zentrum. Ein schadstoffarmer 1,6-Liter-Diesel aus der U2-Baureihe mit neuem Sechsganggetriebe und 115 PS Leistung löste den bisherigen

Selbstzünder ab — alle drei Motorisierungen erreichten nun die Euro-5-Abgasnorm. Die serienmäßige Stabilitätskontrolle ESC hatte nun auch eine Berganfahrhilfe implementiert. Das Fahrwerk wurde modifiziert und die Servolenkung neu programmiert, um die Steuerbefehle des Fahrers noch schneller umzusetzen und dabei noch mehr Rückmeldung zu geben. Die Geräusche und Vibrationen wurden ebenfalls besser gedämmt, was den Innenraumkomfort noch weiter optimierte. Beim Interieur gab es sichtbare Änderungen: Ein neues Vierspeichenlenkrad lag besonders gut in der Hand, die Zentralkonsole zierten Einfassungen in (je nach Ausstattung) Metall- oder Klavierlackoptik. Das CD-Radio bekam ein rundes Steuerelement und das Handschuhfach fasste jetzt 6,5 Liter. Der „One Touch"-Komfortblinker erleichterte die Signalgebung; mit Erweiterung der ohnehin schon umfassenden Garantie auf zwölf Jahre gegen Durchrostung war der Besitzer auf der sicheren Seite.

Bei der nächsten Modellüberarbeitung gab es eine neue Front mit der charakteristischen Tigernase. Aber auch bei den Motoren tat sich etwas. Mit dem Modelljahr 2011 hielt die 128-PS-Version des U2-1,6-Liter-Diesel beim Kia pro_cee'd Einzug und ergänzte den baugleichen Selbstzünder mit 115 PS, der im pro_cee'd seine Premiere feierte. Der kräftigere Diesel hatte ein maximales Drehmoment von 260 Newtonmeter, das bereits bei 1.900 U/min pro Minute zur Verfügung stand — bei 1.500 U/min waren es immerhin noch mehr als 90 Prozent des Drehmoments. Mit der Sechsgangschaltung (serienmäßig für alle Versionen) und Start-Stopp-System verbrauchte er nur 4,5 Liter Diesel pro 100 Kilometer und hatte eine CO_2-Emission von 117 g/km. Das dritte Aggregat im Bunde war der bewährte 1,6-Liter-Benziner mit variabler Ventilsteuerung (CVVT) und 125 PS.

„Das Design der zweiten Generation des Kia pro_cee'd wurde von Grund auf neu entwickelt. Mit seiner eigenständigen Designsprache und den dynamischen Proportionen, dem muskulösen Auftritt und den athletischen Linien folgt dieses ‚Coupé' dem Design des cee'd auf einem ganz eigenen Weg."

Peter Schreyer, Präsident und Chefdesigner
Kia Motors Corporation und Hyundai Motor Group

Doch mit diesen ganzen Optimierungen war die Reise des Kia pro_cee'd noch lange nicht zu Ende. Im März 2013 erschien — auf Basis des cee'd Modelljahr 2012 — die zweite Generation des sportlichen Dreitürers. Diese machte dort weiter, wo die beiden Vorgänger aufgehört haben. Das Design nimmt die bekannten Motive auf und führt sie noch weiter: Die Tigernase mit der Doppeltrapezstruktur nimmt in dem Antlitz jetzt einen noch prominenteren Platz ein und gibt ihm so eine markantere Charakteristik. Die B-Säule wurde um ganze 22 Zentimeter nach hinten versetzt. Doch überlassen wir es Peter Schreyer, Präsident und Chefdesigner der Kia

Motors Corporation und der Hyundai Motor Group, seine Kreation selbst zu beschreiben: „Das Design der zweiten Generation des Kia pro_cee'd wurde von Grund auf neu entwickelt. Mit seiner eigenständigen Designsprache und den dynamischen Proportionen, dem muskulösen Auftritt und den athletischen Linien folgt dieses ‚Coupé' dem Design des cee'd auf einem ganz eigenen Weg." Die Experten unterstützen diese Aussage mit Auszeichnungen. Beim bekannten „red dot design award" bekam der Kia pro_cee'd die Höchstwertung „best of the best".

Der Radstand ist mit 2,65 Metern unverändert. Mit 4,31 Metern ist er genauso lang wie der Fünftürer, allerdings duckt er sich um vier Zentimeter tiefer über den Asphalt als die Steilheckversion. Das knackige Heck mit den markanten Rückleuchten bildet einen würdigen Abschluss. Von den gewachsenen Abmessungen profitiert auch der Kofferraum, der jetzt von 380 (40 mehr als sein Vorgängermodell) bis zu 1.225 Liter fasst. Doch die athletischen Attribute sind nicht das Einzige, was den aktuellen Kia pro_cee'd auszeichnet. Da das Interieur natürlich mit so einem Auftritt mithalten muss, wurde es ebenfalls neu gestaltet. Die hochwertige Verarbeitung und die Anmutung der Materialien mit Soft-Touch-Elementen und Chromapplikationen vermitteln einen wertigen Eindruck, der durch das klare Design der Bedienelemente noch betont wird. Die Rundinstrumente in den tiefen Höhlen geben dem Cockpit dabei das nötige sportliche Flair.

Der aktuelle pro_cee'd wird mit zwei Motoren angeboten: Der Benziner hat die neueste Direkteinspritztechnik (GDI) und leistet 135 PS bei einem Drehmoment von 165 Newtonmeter. Mit diesem Triebwerk beschleunigt der pro_cee'd in 9,9 Sekunden aus dem Stand auf 100 Stundenkilometer und erreicht eine Spitzengeschwindigkeit von 195 Stundenkilometern. Die EcoDynamics-Version (mit Start-Stopp-ISG) des pro_cee'd 1.6 GDI verbraucht durchschnittlich 6,0 Liter Benzin pro 100 Kilometer und emittiert 137 Gramm CO_2 pro Kilometer. Dieses Aggregat ist auch mit dem neu entwickelten Sechsgang-Doppelkupplungsgetriebe statt der standardmäßigen manuellen Sechsgangschaltung erhältlich. Der 128-PS-Diesel mit 1,6-Liter-Hubraum wurde vom Vorgänger übernommen. Mit dem 1.6 CRDi ist der Sprint auf 100 km/h in 10,9 Sekunden erledigt, erst bei 197 Stundenkilometern hört der Vortrieb auf. Die EcoDynamics-Version hat eine CO_2-Emission von 100 g/km und verbraucht durchschnittlich 3,8 Liter Diesel pro 100 Kilometer. Sie kann alternativ mit einer Sechsgangautomatik kombiniert werden. Durch den verstärkten Einsatz von hochfesten Stählen ist die Karosserie verwindungssteifer, was der Fahrdynamik und der Sicherheit zugutekommt und ein Grund für die Höchstwertung von fünf Sternen im EuroNCAP-Test ist. Natürlich serienmäßig an Bord sind die elektronische Stabilitätskontrolle ESP und sechs Airbags: Front- und Seitenairbags für Fahrer und Beifahrer sowie Vorhangairbags, die sich über die ganze Flanke erstrecken. Dazu kommt ein Gurtwarnsystem für die Vorder- und Rücksitze.

Seit Sommer 2013 wird dem pro_cee'd die sportliche Krone aufgesetzt. Ebenso wie der fünftürige Kia cee'd ist die Coupéversion als GT mit einem 204 PS starken 1,6-Liter-Benzindirekteinspritzer mit Twin-Scroll-Turbolader unterwegs, der mit einem Sechsgangschaltgetriebe kombiniert ist. Der Kia pro_cee'd beschleunigt in 7,7 Sekunden auf Tempo 100 und erreicht eine Höchstgeschwindigkeit von 230 km/h. „Mit den GT-Versionen des Kia cee'd und pro_cee'd dringt Kia in den Bereich der Hochleistungsfahrzeuge vor. Das ist ein wichtiger Schritt für unsere Marke", sagt Martin van Vugt, Geschäftsführer (COO) von Kia Motors Deutschland. „Mit diesen äußerst sportlichen und zugleich absolut alltagstauglichen Modellen erweitern wir die Vielfalt unserer Modellpalette und sprechen ganz neue Käuferkreise an."

Kia Soul

Der Zauberwürfel

reddot design award
honourable mention 2009

1. Generation: 2008 bis 2013
2. Generation: seit 2013

Als der Kia Soul im Februar 2009 auf dem deutschen Markt ankam, sorgte er für viel Aufsehen. Mit dem kantig-markanten, kubusförmigen Kompakt-Crossover sprach Kia eine junge Lifestyle-orientierte Zielgruppe an.

Dementsprechend war auch die Vorgabe: „Dieses Auto wird ein Rebell“, sagte Europa-Produktmanager Wolfgang Sailer. Schon die Optik unterschied sich von jedem konventionellen Automobil. Der Soul setzte auf ein rustikales Design mit klaren Winkeln und Geraden, garniert mit SUV-Elementen wie den bulligen Stoßfängern.

Trotz seiner kantigen Bauweise trat der Soul mit seiner Länge von 4,10 Metern und einer Höhe von 1,61 Metern selbstbewusst auf. Konzipiert wurde der flotte Kompakte in den USA, entwickelt in Korea und in Europa erhielt das Fahrzeug dann den letzten Schliff. Das Design des ansehnlich kompakten Crossovers gewann prompt als erstes Kia-Modell den „red dot design award“. Damit war auch schon die zentrale Richtung vorgegeben, die der Soul einschlug: Design und Individualisierung — das setzte sich auch im Interieur fort. Die Mittelkonsole trat deutlich aus dem Armaturenbrett hervor und schwebte so im Innenraum. Das war aber nur eine Seite der vielseitigen Soul-Medaille. Wer wollte, konnte den Soul ganz nach Herzenslust konfigurieren: Neben vier Ausstattungsvarianten konnte man den Innenraum in drei verschiedenen Farben bestellen und diese mit elf extra für den Soul entworfenen Lacktönen kombinieren. Schon die Basisversion bot eine umfassende Serienausstattung — unter anderem ESP, sechs Airbags, aktive Kopfstützen, elektrische Fensterheber vorne und hinten, eine Zentralverriegelung, eine elektrisch unterstützte Servolenkung und so praktische Details wie ausziehbare Sonnenblenden sowie viele Ablagen oder Gepäcknetzösen im Laderaum. Das ebenfalls ab Werk verbaute Audiosystem bestand aus einem CD-Radio mit AUX- sowie USB-Anschluss und einer geschwindigkeitsabhängigen Lautstärkeregelung, inklusive Dachantenne. Damit der Klang auch satt rüberkam, war ein Power-Bass-System mit 112 Watt Leistung und sechs Lautsprechern verbaut — einer in jeder Tür plus zwei Hochtönern rechts und links im Armaturenbrett. Ein weiteres Extra, das aber Teil des Konzepts war, stellte die erhöhte Sitzposition des Fahrers dar. Bei den Motoren standen zwei moderne Triebwerke mit jeweils 1,6 Litern Hubraum zur Auswahl: Ein Benziner der „Gamma“-Baureihe mit 126 PS, der bekannten variablen Ventilsteuerung und einer elektronischen Benzineinspritzung. Das Vollaluminium-Aggregat hatte 16 Ventile und mobilisierte ein maximales Drehmoment von 156 Newtonmeter. Der Vierzylinder-Turbodiesel wurde in Rüsselsheim entwickelt, schaffte 128 PS, hatte zwei obenliegende Nockenwellen, eine variable Turbinengeometrie, 16 Ventile und einen Partikelfilter. Daraus resultierte (in Kombination mit dem manuellen Fünfganggetriebe) ein Drehmoment von 260 Newtonmeter und ein Durchschnittsverbrauch von 5,2l/100 km. Exklusiv für den Diesel gab es auch noch optional eine Vierstufenautomatik.

„Dieses Auto wird ein Rebell.“

Wolfgang Sailer, Europa-Produktmanager, 2009

Bei dem Facelift, das zum Modelljahr 2012 eingeführt wurde, ließen die Kia-Verantwortlichen das grundlegende Prinzip des Soul unangetastet. Die Veränderungen beschränkten sich vielmehr auf eine Überarbeitung der Front, die nun 15 Millimeter länger wurde. Damit wuchs die Gesamtlänge auf 4,12 Meter. Der vordere Kühlergrill ist breiter und die Nebelscheinwerfer sind größer. Außerdem wurde die Grafik der Scheinwerfer verändert, die jetzt eine schwarze Einfassung haben. Ab dem Ausstattungsniveau „EDITION 7“ übernehmen LED-Leuchten die Funktion des Tagfahrlichts. Im Heck versehen erhellende LED-Leuchten ihren Dienst, die Nebelschlussleuchten sind weit außen platziert. Zudem wurden die Geräusche durch eine verbesserte Dämmung und veränderte Außenspiegelgehäuse verringert. Neben der überarbeiteten Mittelkonsole zeigen jetzt auch die Rundinstrumente die typische Kia-Röhrenoptik. Ein Bordcomputer ist nun serienmäßig eingebaut. Dazu kommen eine Berganfahrhilfe und ein Gegenlenk-Assistent (VSM). Der Antriebsstrang wurde weiter verbessert: Der 1,6-Liter-Diesel hat jetzt eine manuelle Sechsgangschaltung oder optional eine Automatik mit ebenso vielen Schaltstufen. Hinzu kam außerdem ein neuer 1,6-Liter-GDI-Benziner der „Gamma"-Baureihe, der eine Direkteinspritzung aufweist. Das neue Aggregat leistet 140 PS und hat ein maximales Drehmoment von 166 Newtonmeter, verbraucht 6,4 Liter und schafft 180 km/h. Auf Wunsch ist auch eine Sechsstufenautomatik erhältlich.

Auf der New York Motorshow im März 2013 feierte die zweite Generation des Kia Soul ihre Weltpremiere. Der Kia Soul hat sich seine einzigartigen Gene bewahrt und ist in seiner zweiten Generation besser und sehenswerter geworden. Das Grundkonzept bleibt dabei unverändert. Dazu gibt es sehenswerte Designdreingaben der erfolgreichen Konzeptstudie des Kia Track'ster von 2012. Bei seinen Abmessungen ist der neue Soul innen und außen gewachsen. „Als wir den ersten Soul 2009 in den Markt einführten, dachten viele von uns, dass wir einen Volltreffer landen würden", erinnert sich Michael Sprague, Marketing-Vizepräsident von Kia Nordamerika, „aber keiner wusste, wie wichtig er wirklich werden würde. Es war klar, dass wir mit dem Nachfolger das ikonenhafte Design erhalten mussten." Die zweite Soul-Generation entstand dabei in Rekordzeit von 18 Monaten zwischen Designfestlegung und Produktion.

„Als wir den ersten Soul 2009 in den Markt einführten, dachten viele von uns, dass wir einen Volltreffer landen würden. Aber keiner wusste, wie wichtig er wirklich werden würde."

Michael Sprague,
Marketing-Vizepräsident Kia Nordamerika, 2013

Kia Venga

Innovativer Minivan

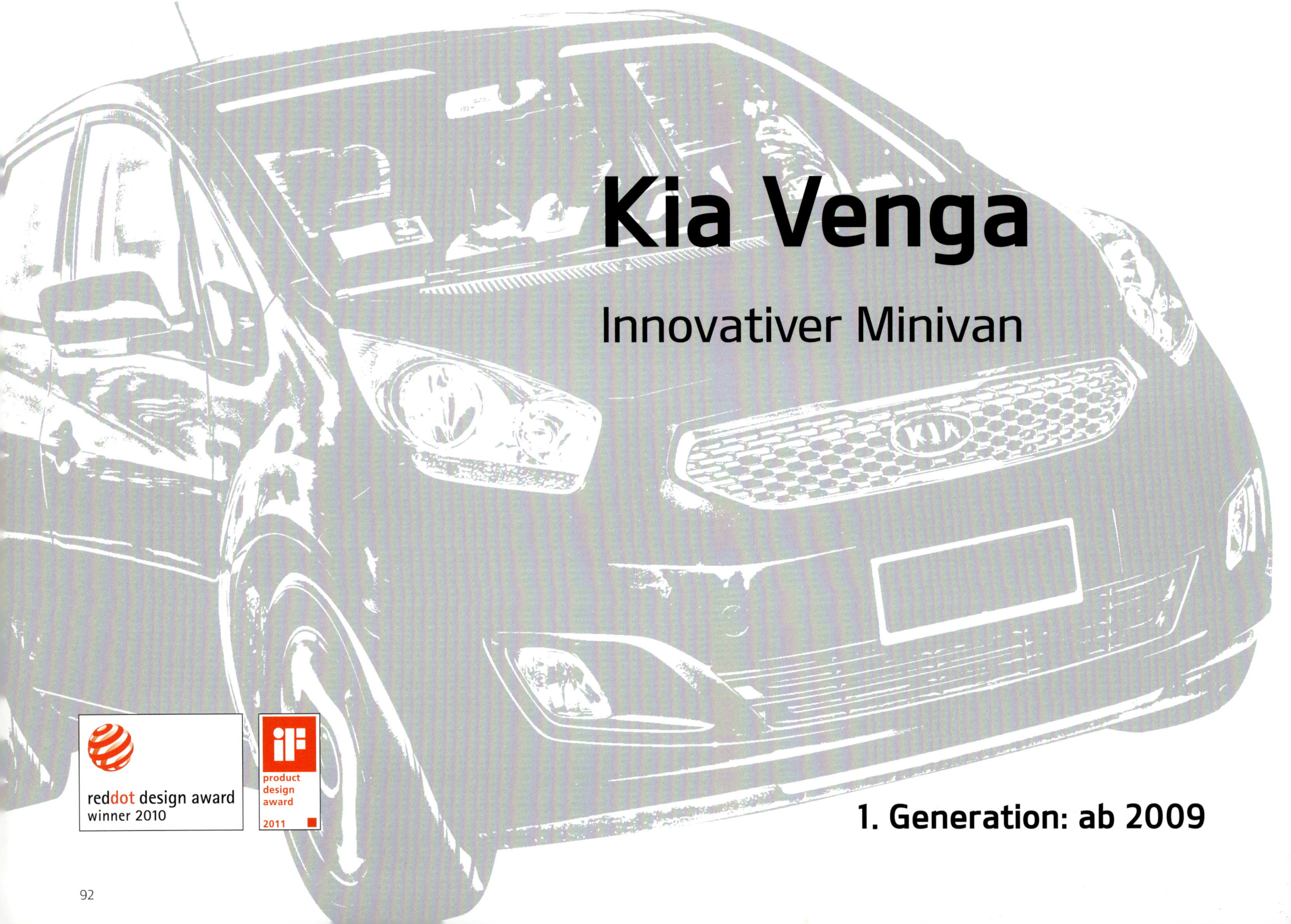

reddot design award
winner 2010

iF
product
design
award
2011

1. Generation: ab 2009

Getreu der globalen Strategie der Lokalisierung wurde Kias Multi Purpose Vehicle (MPV) Venga im Forschungszentrum in Rüsselsheim entwickelt. Produziert anfangs im tschechischen Nosovice, wird das kleine Raumwunder von Kia schon bald ins slowakische Zilina verlagert.

Kann man in einem kompakten Familienvan schicker unterwegs sein? 2010 gewann der Kia Venga den „red dot design award" und den „iF design award". Der 4,07 Meter lange Minivan teilt sich Teile der Technik und der Architektur mit dem Kia Soul. Das wirkt sich überaus positiv auf die Platzverhältnisse aus: Mit einem Radstand von 2,62 Metern und einer Dachhöhe von 1,60 Metern bietet das B-Segment-Vehikel so viel Platz, wie man ihn sonst eigentlich nur in der nächsthöheren Klasse vorfindet. Doch nicht nur das: Der Kia Venga wurde in einer Restwertprognose von EurotaxSchwacke zum „Wertmeister 2012" gekürt, weil er in der Kategorie „Kompaktvans" den geringsten absoluten Wertverlust von 723 Fahrzeugen aufzuweisen hatte.

„Ein geräumiges und flexibles Interieur ist ein Muss für viele Autokäufer. Der Venga erfüllt diese Anforderungen mustergültig und verkörpert zugleich die neue, markante Designstrategie von Kia. Damit beweist er, dass Stil und praktischer Nutzwert zu vereinen sind", sagt Designchef Peter Schreyer. Der lange Radstand und die breite Spur des Venga erfüllen schon mal den ersten Punkt. Mit beidem steht der flotte Koreaner satt auf dem Asphalt; die schnittige Silhouette wirkt sich in einem niedrigen c_W-Wert von 0,31 aus. Innen bietet der Venga die sportliche Kia-Grafik, also drei Rundinstrumente und eine übersichtlich

gegliederte Mittelkonsole mit den markanten seitlichen Lufteinlässen. Optional ist ein Panoramadach zu haben, das für besonders viel Licht im Innenraum sorgt. Die Flexibilität des Innenraums wird durch die variable Rücksitzbank noch gesteigert: Diese lässt sich geteilt umklappen und einzeln um 13 Zentimeter in Längsrichtung verschieben. Das hat Auswirkungen auf den Kofferraum, der auch einen doppelten Ladeboden hat. Somit variiert das Volumen von 314 bis hin zu 1.486 Litern bei umgelegten Rückbanklehnen. Neben den großzügigen Platzverhältnissen für die Insassen bietet also auch das Gepäckabteil einiges an Raum: Das Volumen von 314 Litern (bis Fensterunterkante) lässt sich sehr flexibel erweitern. Dazu trägt unter anderem die bis zu 13 Zentimeter verschiebbare Rücksitzbank bei. Durch das Entfernen des oberen Laderaumbodens steigt das Volumen auf 440 Liter.

Wie bei Kia üblich sind schon die Einstiegsmodelle umfangreich ausgestattet. Sechs Airbags und ESP sind genauso Standard wie eine Zentralverriegelung, elektrische Fensterheber vorne, ein mp3-fähiges CD-Radio mit vier Lautsprechern, ein höhen- und tiefenverstellbares Lenkrad und eine elektrisch unterstützte Servolenkung, ein höhenverstellbarer Fahrersitz und die in Längsrichtung verschiebbare Rückbank mit Mittelarmlehne sowie der auf zwei Ebenen verstellbare Gepäckraumboden. Das Fahrverhalten wurde auf europäische Bedürfnisse abgestimmt. Die Einzelradaufhängung vorne sorgt grundsätzlich für einen hohen Fahrkomfort. Dieser wird noch durch die Tatsache verfeinert, dass die vordere Radaufhängung mit versetzten Achsschenkelbolzen und einem Nachlaufwinkel von vier Grad darauf ausgelegt ist, Spurstabilität und Manövrierbarkeit optimal zu verbinden. Der Querstabilisator setzt direkt am Stoßdämpfer an, was seine Wirkung maximiert. Hinten kommt eine Torsionslenkerachse zum Einsatz.

Als Triebwerke stehen jeweils zwei Benzin- und zwei Dieselaggregate zur Auswahl. Die Selbstzünder stammen aus der „U2"-Baureihe — der 1,4 CRDi leistet 90 PS und der 1,6 CRDi 128 PS. Bei beiden Triebwerken stehen über 90 Prozent des maximalen Drehmoments schon bei 1.500 U/min zur Verfügung. Bei dieser Motorengeneration sind verschiedene Hightechkomponenten verbaut, wie zum Beispiel eine Hochdruck-Common-Rail-Einspritzung mit variabler Drallsteuerung oder eine elektronisch gesteuerte Abgasrückführung. Beim 1,4 CRDi hat der Turbolader ein Bypassventil und beim 1,6 CRDi eine variable Turbinengeometrie.

Mit dem Kia-Start-Stopp-System verbraucht der 1,4 CRDi 4,3 Liter, beim 1.6 CRDi sind es nur 0,1 Liter mehr. Die beiden Benziner stammen aus der „Gamma"-Baureihe und verfügen über die variable Ventilsteuerung. Sie bewegen den Venga mit 90 beziehungsweise 125 PS dynamisch und dennoch ökonomisch vorwärts. Neben Design und Praktikabilität punktet der Kia Venga mit einem großen Maß an Zuverlässigkeit. In der Ausgabe 19/2013 der Fachzeitschrift „Auto Bild" absolvierte er den 100.000-km-Test mit der Note 1. Im Gesamtranking ein überragender Platz zwei.

Kia Optima

Dynamik trifft Komfort

reddot design award
best of the best 2011

product
design
award
2011

WINNER
AUTOMOTIVE
BRAND CONTEST
2011

1. Generation: seit 2010

Ein altes Sprichwort sagt: „Gut Ding will Weile haben." Auf den neuen Kia Optima trifft diese Aussage allemal zu. Bei der New York Motorshow 2011 vorgestellt, mussten die deutschen Fahrer bis März 2012 warten, ehe die schnittige Limousine auch hierzulande erhältlich war.

Das Warten hat sich gelohnt, denn schließlich wurde der Kia Optima von Grund auf neu entwickelt. Das Lastenheft der Ingenieure umfasste folgende Besonderheiten: unverwechselbares Design sowie verbesserte Fahrdynamik, gepaart mit Komfort — und zwar sowohl bei der Federung als auch der Ausstattung. Der Kia Optima wird weltweit gebaut und ist insbesondere in seinem Heimatmarkt Korea, aber auch in den USA sehr erfolgreich.

Da aber die Anforderungen an die Dynamik und den Komfort in den außereuropäischen Märkten eine andere ist, kam es den Ingenieuren sehr gelegen, mit dem Kia Optima eine flexible und technisch ausgereifte Plattform zu haben. Dennoch griff auch bei dieser Fahrzeugarchitektur der Grundsatz, dass die Technik auf die Bedürfnisse des jeweiligen Marktes angepasst wird. Das heißt im Falle von Europa und vor allen Dingen Deutschland, dass Fahrdynamik, Ökologie und Effizienz drei wichtige Elemente sind. So haben die Kunden die Wahl zwischen zwei kräftigen und zugleich sparsamen Triebwerken: dem Zwei-Liter-Benziner aus der „Nu"-Baureihe mit 165 PS und dem Zwei-Liter-Turbodiesel aus der „U2"-Familie, der es auf 136 PS und einen Verbrauch von 4,9 Litern (mit Start-Stop-ISG) bringt und dabei lediglich 128 g/km CO_2 ausstößt. Beim Ottomotor sind es durchschnittlich sieben Liter. Wer will, kann diese Aggregate mit einer sechsstufigen Automatik anstelle des serienmäßigen Sechsganggetriebes kombinieren.

Zu allen drei Zielen trägt auch die neue Karosserie aus hochfestem Stahl bei, die nicht nur leichter, sondern auch verwindungssteifer ist als Architekturen konventioneller Bauweise und damit auch exakte Kurvenfahrten unterstützt. Der technischen Dynamik wird durch ein ebensolches Design Ausdruck verliehen, das natürlich aus der Feder des Chef-Formengebers Peter Schreyer stammt. Entsprechend sind alle Insignien der Kia-Sportlichkeit vorhanden — angefangen vom Doppeltrapez-Kühlergrill bis hin zu den Kanten, die dem nur 1,46 Meter hohen Fahrzeug schon im Stand jene Vortriebskompetenz verleihen, die er dann auch im Kurvenverhalten umsetzt. Trotz seiner coupéartigen Dachlinie besticht der Kia Optima innen durch großzügige Platzverhältnisse, die in der Spitzengruppe des D-Segments angesiedelt sind: in der Beinfreiheit vorne (1.155 Millimeter), der Kabinenbreite (vorne 1.530 mm, hinten 1.500 mm) und der Kopffreiheit vorne (1.015 mm). Innen gibt es haptisch angenehme Applikationen und hochwertige Materialien, die je nach Ausstattungsvariante in Metall-, Carbon- oder Holzoptik gehalten sind. 2012 erhielt der Kia Optima den „red dot design award best of best".

Komfort wird bei aller Quer- und Längsbeschleunigungsfreude groß geschrieben. Schon das Einstiegsmodell hat unter anderem einen höhenverstellbaren Fahrersitz mit elektrischer Lendenwirbelstütze, eine Zwei-Zonen-Klimaautomatik, einen Tempomat, ein Multifunktions-Lederlenkrad und eine Stereoanlage mit sechs Lautsprechern. Nach oben hin sind der Veredelungsfreude fast keine Grenzen gesetzt: angefangen bei einem Infinity-Premium-Soundsystem mit zwölf Lautsprechern und externer Elf-Kanal-Endstufe über Xenonscheinwerfer, LED-Rückleuchten, Türgriffe mit Chromleiste, Edelstahleinstiegsleisten mit beleuchtetem Schriftzug, Aluminiumsportpedale, Teilledersitze, intelligenten Parkassistenten, Spurhalteassistenten, Türarmstützen mit Kunstlederbezug und farblich abgesetzten Nähten bis hin zur Ambientebeleuchtung an den vorderen Türen und unten an der Zentralkonsole.

Kia Optima Hybrid

Dynamische Zukunft

1. Generation: seit 2012

Für jeden Automobilhersteller ist es unabdingbar, die Zukunft der Mobilität mitzubestimmen. Das gilt selbstverständlich und im besonderen Maße auch für Kia. Deswegen wird die Elektrifizierung des Antriebsstrangs beim koreanischen Autobauer mit Feuereifer vorangetrieben.

Eines der wichtigsten Manifeste der alternativen Antriebe in der Kia-Modellpalette ist der Kia Optima Hybrid: Schon bei der Premiere auf dem Pariser Auto-Salon 2012 stieß dieser auf reges Interesse. Die Kombination aus einem 2,0-Liter-Benziner (Nu-Baureihe) mit variabler Ventilsteuerung (CVVT), 150 PS sowie einem Drehmoment von 180 Newtonmeter und einem 40-PS-Elektromotor ist die Weiterentwicklung des ursprünglichen Kia Optima Hybrid mit 2,4-Liter-Motor. Die Systemleistung beträgt 190 PS, das maximale Drehmoment liegt bei 340 Newtonmeter. Damit sind überzeugende Fahrleistungen möglich: Der Kia Optima beschleunigt von null auf 100 Stundenkilometer in 9,4 Sekunden, seine Höchstgeschwindigkeit beträgt 190 Stundenkilometer. Dank des genau abgestimmten Zusammenspiels von Verbrennungsmotor und E-Modul begnügt sich der Optima Hybrid mit einem durchschnittlichen Verbrauch von 5,4 l/100 km und einen CO_2-Ausstoß von nur 125 g/km.

Zur Reduktion trägt auch die optimierte Aerodynamik bei, die den c_w-Wert von 0,29 auf 0,26 senkt. Die diesbezüglichen Veränderungen beim Kia Optima Hybrid sind spezielle Schwellerschürzen, Leichtmetallfelgen mit besonders geringem Luftwiderstand, verbesserte Stoßfänger vorne und hinten, glatte Unterbodenverkleidungen, ein Heckspoiler an der Kofferraumklappe sowie ein Kühlergrill mit aktiven Luftklappen, die sich bei höheren Geschwindigkeiten schließen. Der Wegfall eines Hochleistungs-E-Motors und eines separaten Generators spart Kosten und Kraftstoff. Das zukunftsweisende Parallelhybridsystem soll in mehreren Modellen zum Einsatz kommen. Der 30-kW-Elektromotor steckt zwischen Motor und Sechsgangautomatik. Damit entfällt der herkömmliche Drehmomentwandler; durch die hydraulische Kupplung kann der Verbrenner vom Antriebsstrang getrennt werden. Dann übernimmt die E-Maschine den Vortrieb. Rein elektrisch schafft der Optima Hybrid 100 km/h Spitze. Damit die Lithium-Ionen-Polymer-Akkus auch immer genug Kraft haben, erfüllt der Starter auch die Funktion des Generators und lädt die Batterie bei Bedarf.

Aufgrund dieser kompakten Bauweise kann das E-Modul auch in anderen Fahrzeugtypen verwendet werden. Der elektrische Synchronmotor mit eingebettetem Permanentmagnet (Interior Permanent Magnet, IPM) hat ein kräftiges Drehmoment von 205 Newtonmeter, das bereits aus dem Stand zur Verfügung steht. Dafür dass der Fahrspaß nicht zu kurz kommt, sorgt die Boost-Funktion, die dem 1,7 Tonnen schweren Optima Hybrid noch mehr Temperament einhaucht. Der Übergang zwischen rein elektrischem Segeln und dem Einsatz des Verbrenners geschieht dabei unmerklich. Die zentralen Anzeigen im Display halten den Fahrer ständig über den Energiefluss auf dem Laufenden. Wird der Eco-Modus per grünem Knopf am Lenkrad aktiviert, ist Sparen die oberste Maxime. Dann schaltet die Automatik früher hoch, das Gaspedal reagiert weniger direkt und die Rekuperation wird forciert, sobald man den rechten Fuß vom Pedal hebt.

In Sachen Komfort und Platz zeigt auch der elektrifizierte Optima alle Stärken des konventionellen Bruders. Lediglich das Kofferraumvolumen wird durch die Lithium-Ionen-Batterie, die sich hinter den nicht umlegbaren Rückenlehnen befindet, auf 381 Liter reduziert. Und wie bei Kia üblich gibt es natürlich die 7-Jahre-Kia-Herstellergarantie — auch auf die Batterie.

OPTIMA HYBRID

04

Kia als Designmarke

Emotion trifft Funktion

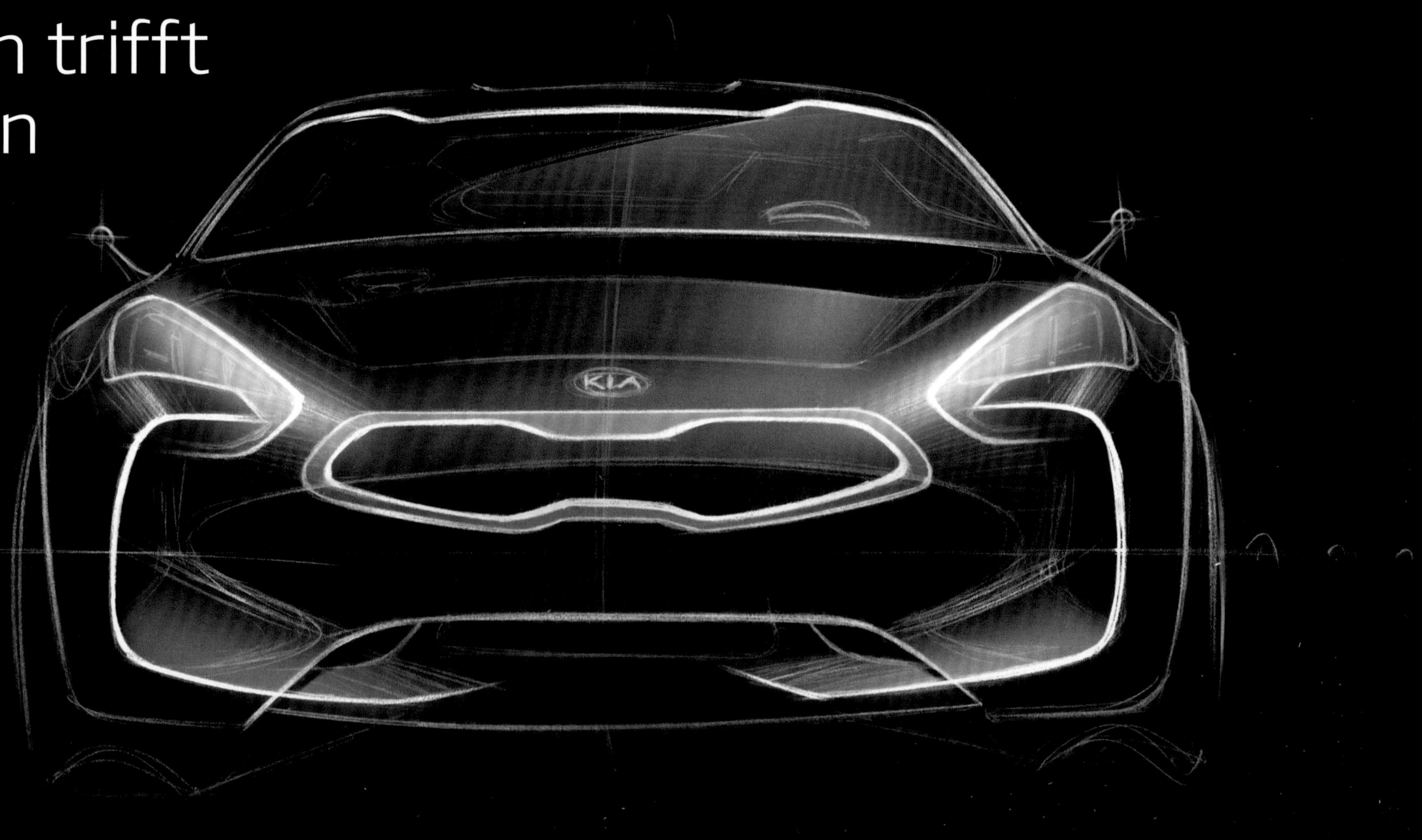

Die Kia-DNA

Die Tigernase

Als Kia 1993 in Deutschland startete, waren die Anfänge asiatisch bescheiden. Passend dazu präsentierte sich das Design traditionell. Doch mit der grundlegenden Änderung der Kia-DNA wurden die Koreaner zur Designmarke.

Chefdesigner Peter Schreyer

Ab Mitte des vergangenen Jahrzehnts konzentrierte sich Kia zunehmend auf Europa. Um auf dem anspruchsvollsten Markt der Welt zu bestehen, sollten die Modelle dem Geschmack der Zielregionen angepasst werden. Mit der Verpflichtung des deutschen Chefdesigners Peter Schreyer zum September 2006 gelang dem koreanischen Autobauer ein Coup, der in der Branche für viel Aufsehen sorgte. „Etwas Besseres, als mit einem weißen Blatt Papier beginnen zu können, kann einem Kreativen nicht passieren", sagte Peter Schreyer damals. Aber auch für die Kia-Strategen war der Deutsche die perfekte Lösung, den weltweiten Imagewandel umzusetzen. Schreyer, der das Aussehen der Kia-Modelle einst als „sehr neutral" bezeichnete, nutzte die Chance, den Designprozess der koreanischen Marke grundlegend zu reformieren. Das Ziel war, eine eigenständige Kia-DNA zu entwickeln und die Marke zu emotionalisieren: Die Kias der nächsten Generation sollten unverwechselbar und begehrenswert sein.

Kia-Präsident Euisun Chung ließ dem 200 Personen starken Kia-Designteam weitgehend freie Hand bei der Formengebung der neuen Modelle. Dadurch konnte Schreyer mit seinen Kreativabteilungen schon bald die ersten Resultate zeigen. Die Studie Kia Kee, die 2007 auf der IAA stand, trug als erstes Modell die neue Handschrift. „Diese Sportcoupé-Studie ist ein deutliches Zeichen dafür, dass die Marke Kia in Zukunft ganz neue Kundengruppen ansprechen und überraschen wird", sagte der

Chefdesigner. Der Kia Kee zeigte vor allem auch jenes Designelement, das in den kommenden Jahren zum prägenden Symbol der Kia-Identität werden sollte: den Kühlergrill mit den beiden trapezförmigen Einbuchtungen am Rahmen, der bald weltweit als „Tigernose" bekannt sein sollte. Die Front des Fahrzeugs erinnerte damit an eine fauchende Raubkatze.

„Tiger strahlen eine gewisse Gelassenheit und Würde aus", erklärte Peter Schreyer die Intention hinter dem erfolgreichen Markengesicht. Es symbolisierte zum einen eine neue Sportlichkeit im Kia-Design und zum anderen die Ambitionen von Kia, sich zu einem Big Player auf dem weltweiten Automobilmarkt zu entwickeln. Wenige Jahre später wurden beide Zielsetzungen Realität. Der Erfolg kann sich insbesondere auf dem deutschen Markt sehen lassen.

Als weiterer Meilenstein entstand der kompakte Crossover-Van Soul, der auch in Europa bei Lifestyle-bewussten, modeaffinen Autofahrern ein Erfolg wurde. „Wir wollen ein Familiengefühl erzeugen. In Zukunft soll man weltweit bei jedem Modell sofort erkennen, dass es ein Kia ist — das geht nur mit einem einheitlichen Gesicht", verdeutlicht Schreyer seine Designphilosophie anhand des markanten Soul, der schon 2009 beim anerkannten „red dot design award" den Preis „honourable mention" verliehen bekam. Die Kia-Modelle bekamen einen Designpreis nach dem anderen. Insgesamt sieben Kia-Modelle wurden von den Experten für ihre Designstrategie ausgezeichnet. Vor allem die Limousine Kia Optima und das SUV Kia Sportage räumten bei den Wettbewerben ab. Beide holten 2011 gleich vier Preise: „iF design award winner", „Good Design Winner", „red dot design award best of the best" (Kia Optima) beziehungsweise „red dot design award winner" (Kia Sportage) und „abc (Automotive Brand Contest) Design Award Winner". Auch der jüngste Spross der cee'd-Familie, der pro_cee'd, erhielt die Auszeichnung „red dot design award best of the best 2013". Den beliebten roten Punkt des „red dot design awards" dürfen auch der cee'd und cee'd Sportswagon sowie der neue Kia Carens tragen.

Das gestärkte Selbstbewusstsein bekam auf der IAA 2011 mit dem Kia GT eine gegossene Form. Mit dem heckgetriebenen Sportler zielte der asiatische Autohersteller auf echte Stars im deutschen Autohimmel. Ein Blick in das europäische Design-Zentrum zeigt die designorientierten Ambitionen der kreativen Schöpfer. Viele Anregungen zu neuen Fahrzeugen und die Weiterentwicklung der Kia-Identität stammen aus sachfremden Gebieten. Der Grundsatz „form follows function" ist bei jedem modernen Automobil ein unverzichtbarer Bestandteil der Entwicklung.

Kia Motors hat sich als designorientierte Marke etabliert. Anfang 2013 wurde Kia-Chefdesigner Peter Schreyer als erster Nicht-Koreaner zu einem von drei Präsidenten der Kia Motors Corporation ernannt und übernahm zudem die Position des Konzern-Designchefs für die Marken Kia und Hyundai. „Kia wird nach wie vor für mich besonders wichtig sein. Eine zentrale Aufgabe ist es, für beide Marken eine eigenständige Richtung zu finden", so Peter Schreyer. Die Designausrichtung der beiden Marken wird gut durch folgenden Vergleich beschrieben: Hyundai gleicht einem Wassertropfen, Kia einem Eiskristall.

Das bedeutet aber auch, den Kia-Weg zu mehr Sportlichkeit konsequent weiterzugehen. Mit der 3,88 Meter langen Studie Kia provo präsentierte Kia auf dem Genfer Auto-Salon 2013 einen sportlichen Kleinwagen. Mit dem 204 PS starken Vierzylinder-Turbo zeigt die Studie, wohin die Reise in den nächsten Jahren gehen soll. In diesem Segment ist das Design das A und O für jedes Auto, das erfolgreich sein will. Doch eine Sache ist dem europäischen Designchef Gregory Guillaume dabei extrem wichtig: „Autos sollen schlicht und einfach Spaß machen."

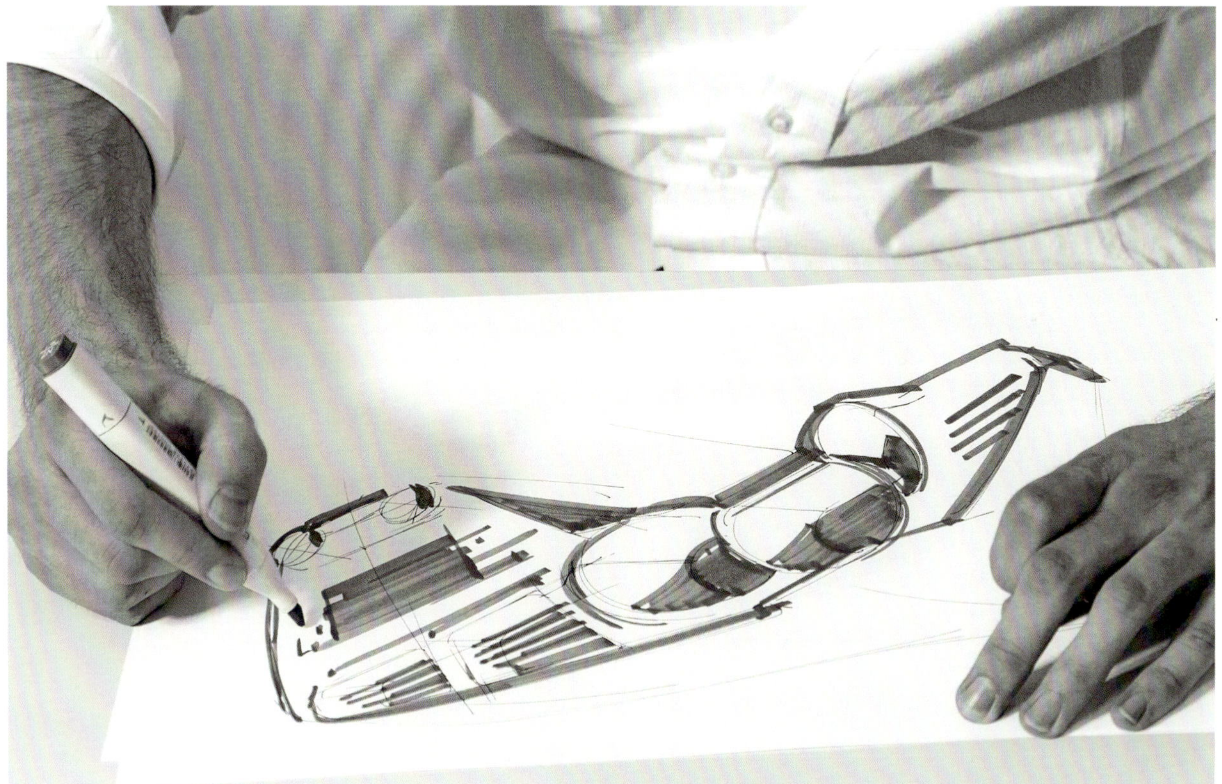

Forschung und Entwicklung

Im Herzen der Technik

Um auf dem härtesten Automarkt der Welt bestehen zu können, eröffneten Kia und Hyundai vor zehn Jahren ein Entwicklungszentrum in Rüsselsheim. Hier werden die Modelle fit gemacht für den anspruchsvollen europäischen Kunden.

„Es ist eine geniale Chance, dass wir mit unserem Entwicklungszentrum hier in Deutschland beheimatet sind", leitet Seungwook Yang, Präsident des europäischen Entwicklungszentrums, ein. „Wir haben hier in Europa und besonders in Deutschland eine komplett andere Marktsituation als zum Beispiel auf unserem Heimatmarkt in Korea. So können wir uns darauf einstellen und wettbewerbsfähig sein", ergänzt Axel Honisch, Leiter der Gesamtfahrzeugentwicklung. Seit rund zehn Jahren strahlt das Entwicklungszentrum in Rüsselsheim die Autofahrer an, die es täglich auf der Autobahn A 60 passieren. Aus den ehemals 30 Ingenieuren und Technikern sind im Laufe des letzten Jahrzehnts mehr als 200 hochspezialisierte Experten aus allen Automobilbereichen geworden, die die Fahrzeuge für den Alltag abstimmen. „Unsere Kernkompetenzen sind zum Beispiel Fahrwerk und Dieselmotoren", sagt David Labrosse, verantwortlich für die Produktplanung, der vor acht Jahren zu Hyundai/Kia gekommen ist, „die Mitarbeiter hier sind leidenschaftlich mit der Marke Kia verbunden. Das merkt man unseren Produkten bis ins Detail an. Alle unsere Fachabteilungen im F&E-Zentrum werden von

Europäern geführt, damit wir eben den gewünschten europäischen Bezug zum Fahrzeug bekommen."

International geht es auf dem streng gesicherten Firmengelände trotzdem zu. Nicht nur Präsident Seungwook Yang kommt aus dem Ausland, sondern auch eine Vielzahl der Entwickler. Insgesamt arbeiten im Forschungs- und Entwicklungszentrum Rüsselsheim Techniker aus über 20 Nationen. Je nach Projektstand werden hier 100 bis 150 Erprobungsträger und Prototypen unter die Lupe genommen, die ein hartes Trainings- und Testprogramm durchlaufen müssen. Getriebe, Motoren, aber auch Fahrwerke, Sitze und Innenraumkomponenten werden in Rüsselsheim im Detail analysiert und marktgerecht angepasst. „In Korea kommen zum Beispiel glänzende Kunststoffe bei den Kunden prächtig an", erläutert Entwickler Axel Honisch. „In Europa stehen die Kunden dagegen mehr auf matte Oberflächen. Das wird als besonders wertig empfunden."

„Zudem gibt es hier in Europa einen großen Drang zu effizienten und leistungsstarken Turbomotoren", ergänzt Jürgen Grimm, Leiter der Motor- und Getriebeentwicklung. Bis zum Jahre 2020 sollen mehr als drei Viertel aller Kia-Fahrzeuge über Turbotriebwerke verfügen. Ein weiteres Beispiel ist die Dieselmotorentechnik. Nirgends anders auf der Welt sind PKW in nennenswerter Zahl mit Selbstzündern unterwegs. Da die Nachfrage in Europa jedoch größer denn je ist, wurde das F&E-Zentrum von Kia und Hyundai hier Mitte des vergangenen Jahrzehnts zum Diesel-Kompetenzzentrum, in dem alle wichtigen Entwicklungen für die einzelnen Märkte unterstützt werden.

„Natürlich haben wir hier in Deutschland Möglichkeiten, die uns im Ausland fehlen", sagt Kia-Urgestein Axel Honisch, „wir führen einen großen Teil unserer Tests auf lokalen Teststrecken durch. Hier werden unsere Modelle hochgeschwindigkeitstauglich gemacht." Regelmäßig geht es zum Beispiel auf die

Nordschleife des Nürburgrings, wo derzeit nahe der Döttinger Höhe ein modernes Testcenter für das koreanische Markendoppel aus Kia und Hyundai entsteht. „2013 soll es dort losgehen", freut sich Vizepräsident Seungwook Yang, der selbst gerne fährt und sich bei den europäischen Anforderungen bis ins kleinste Detail auskennt.

„Aber auch Landstraßen und Autobahnen Europas spielen eine entscheidende Rolle in der Entwicklung der Kia-Fahrzeuge", ergänzt Werner Peter, Leiter der Entwicklung elektronische Komponenten. „Radare und Kameras werden bald in jedem Kia zu finden sein. Diese müssen für unsere Kunden in allen Verkehrssituationen — wie z. B. Hochgeschwindigkeit, Baustellenbereiche oder enge Straßen — höchste Sicherheit und Komfort bieten." Navigations- sowie zukünftige Infotainmentsysteme müssen ebenfalls in allen Ländern Europas reibungslos funktionieren und werden entsprechend entwickelt und getestet.

„Ein weiterer wichtiger Grund, das Entwicklungszentrum am Standort Rüsselsheim aufzubauen, war neben der guten Verkehrsanbindung im Herzen von Europa auch die Nähe zu Universitäten, Forschungseinrichtungen und Zulieferern, denen in den letzten Jahren eine immer größer werdende Rolle im Entwicklungs- und Produktionsprozess zukommt. Die Mehrzahl der technisch anspruchsvollen Innovationen stammt heute aus Europa", erklärt Dr. Volker Prescher, Leiter der Entwicklung. „Durch die enge Zusammenarbeit mit externen europäischen Partnern konnten wir die Innovationskraft unseres Standortes erweitern, sodass wir inzwischen die Bereiche Package, Karosserie, Fahrwerk, Interieur und Materialentwicklung auf einen hervorragenden Entwicklungsstand gebracht haben. Dieses Know-how kommt unseren Fahrzeugen zugute, wie man leicht an den großen Entwicklungsschritten von einer Fahrzeuggeneration zur nächsten erkennen kann."

„Hier kann man als Ingenieur etwas bewegen."

Axel Honisch,
General Manager, Hyundai Motor Technical Center

Wer das moderne Entwicklungszentrum in Rüsselsheim sieht, kann sich kaum vorstellen, dass es vor knapp 20 Jahren einmal ganz anders begonnen hatte. „Im April 1995 bin ich in Eschborn mit einem kleinen Büro und nicht einmal zehn Leuten gestartet", erinnert sich Axel Honisch, der Entwicklung und Tests in Rüsselsheim koordiniert. Schon nach drei Monaten ging es für den deutschen Entwicklungssatelliten koreanischer Ingenieurkunst ins nahe gelegene Mainz-Kastel, wo die erste Versuchswerkstatt eröffnet wurde: „Wir hatten nicht vielmehr als etwas Werkzeug, einen Achsmesserstand und einen Stoßdämpfertester. Das Thema Fahrwerk war auch damals schon eines der wichtigsten." „Heute gibt es im Entwicklungszentrum Prüfstände für Motoren, Getriebe und Fahrwerk", erläutert Jürgen Grimm. Dazu kommen verschiedene Werkstattbereiche für Prototypen und Entwicklungsfahrzeuge sowie Großrechner für z. B. Licht- und Crashsimulationen. „Hier kann man als Ingenieur etwas bewegen", erklärt Axel Honisch — sagt's und muss gleich weiter zur Arbeit. Die nächsten Tests warten bereits. „Natürlich geht es auch um die Konkurrenz an sich", unterstreicht David Labrosse. „Man sollte immer dahin gehen, wo es am schwersten ist, um sich mit dem Besten zu messen. Und das ist Deutschland. Nirgends ist der Wettbewerb zwischen den Autofirmen härter."

05

Blick in die Zukunft

Die Kia-Studien

Kia Soul 2006/2008

Kia Soul 2006

Der Weg zum Kia Soul war mit Design-Highlights gespickt.

Nach der Studie Kia Mesa (auch als KCD-II bekannt), die 2005 auf der North American International Auto Show (NAIAS) in Detroit vorgestellt wurde, präsentierte Kia ein Jahr später an gleicher Stelle den Soul 2006. Das markante Crossover Utility Vehicle wurde von den Kia-Designteams in den USA und Südkorea entwickelt. Es markierte einen weiteren Schritt hin zu einem eigenständigen Kia-Lifestyle-Modell.

Dass so ein Auto nicht auf Understatement machen konnte, war auch klar. „Wir wollten ein lebendiges, sozusagen „beseeltes" Design, daher das Wort ‚Soul' — das zudem genauso klingt wie Seoul, die Hauptstadt Koreas und Sitz der Kia Motors Corporation", erklärte Tom Kearns, Chefdesigner von Kia Motors America die Intention der Designstrategie. Diese definierte sich durch einen stämmigen, rustikalen Auftritt. Der kompakte Crossover hatte eine Länge von vier Metern, war 1,85 Meter breit, 1,62 Meter hoch und hatte einen Radstand von 2,55 Metern. Auf den auffälligen 20-Zoll-Felgen aus poliertem Aluminium waren 245er-Räder aufgezogen, die den sportlich athletischen Anspruch des neuen Kompakt-Stars unterstrichen.

Das Konzeptfahrzeug zeigte schon die grundlegende kubische Form des Kia Souls, der drei Jahre später nach Europa kommen sollte. Details wie die ansteigende Fensterlinie und das abfallende Dach, die bis in die Seite gezogene Windschutzscheibe, die kraftvoll ausgestellten Radhäuser mit den breiten Reifen und die markant gestalteten Frontscheinwerfer mit jeweils zwei blitzenden „Pupillen" verliehen der kantigen Kompakt-Crossover-Studie eine eindringliche optische Präsenz. Die graue Frontschürze mit integrierten Nebelscheinwerfern erfüllte zugleich auch die Funktion eines Unterbodenschutzes und brachte dem Soul 2006 Robustheit. Ganz anders die Fenster und das Dach: Die Frontscheibe ging nahtlos in ein zweiteiliges Panorama-Schiebeglasdach über und sorgte so für ein angenehmes Reisegefühl.

Ob Targa oder geschlossenes Reisemobil mit lichtdurchflutetem Innenraum: Die Soul-Studie war wandlungsfähig. Entsprechend ließen sich auch die Rücksitze umlegen und ergaben so einen ebenen Ladeboden.

Neben den formellen Vorzügen überzeugte die Studie auch mit einer Praktikabilität, die für das Serienmodell, das auf ein junges aktives Publikum abzielte, unabdingbar war. Neben zahlreichen Ablagen (zum Beispiel das Rucksackfach in der sich fernbedienbar öffnenden Heckklappe) war auch die Innenausstattung des Soul stilgerecht angelegt. Den Innenraum betrat man durch zwei sich gegenläufig öffnende Türen. Einmal im Passagierabteil angekommen, präsentierte sich das Soul-Konzept als Hightech-Multimedia-Zentrale mit Notebook, Stereoanlage, Displays und Internetzugang.
Das frontgetriebene Konzeptfahrzeug wurde von einem Zwei-Liter-Benziner mit vier Zylindern bewegt. Geschaltet wurde über eine Fünfgangautomatik, bei der die Gänge auch manuell gewechselt werden konnten. Dazu kam ein Tempomat mit adaptiver Geschwindigkeitsregelung.

Kia Soul 2008

Beim Genfer Auto-Salon 2008 zeigte Kia eine zweite Studie des Soul — diesmal deutlich seriennäher.

Das Besondere an der Soul-Studie war, dass nicht nur eine auf dem Messestand präsentiert wurde, sondern gleich drei. Die Konzepte Diva, Burner und Searcher standen zwar für unterschiedliche Charaktere; das Großstadtabenteuer sollten sie aber gemeinsam bestehen.

Der erste der urbanen Crossover war der Kia Soul Burner. Bei dem Bad Boy des Trios war der Name Programm. Äußerliche Zurückhaltung passte nicht zum Burner: Drachen-Tattoos zierten die mattschwarz lackierte Karosserie, die mit ein paar scharlachroten Elementen garniert war. Im vorderen Stoßfänger befanden sich L-förmige LED-Tagfahrleuchten, die sich bis in die Fahrzeugseite zogen. Und um das Image des harten Jungen zu vervollständigen, verlegten die Designer die doppelten Auspuffendrohre in die äußersten Ecken des Heck-Stoßfängers und platzierten sie übereinander. Im Innenraum des Kia Soul Burner befanden sich die vier Einzelsitze, eine horizontale Seitenlinie teilte den Innenraum: oben mattrot — unten tiefschwarz.

Kia Soul Burner

Kia Soul Diva

Die Dame im Bunde war der Kia Soul Diva. Sie sollte modebewusste Frauen ansprechen. Wo der Burner schwarz-dunkel und imposant war, trat die Diva in Weiß mit goldenen Applikationen auf. Beim Interieur kam zu den beiden Außenfarben noch Schwarz dazu. Die gleichmäßige Beleuchtung durch das getönte Glas-Panoramadach gab dieser Farbkomposition ein besonderes Flair. Durch die Sitze mit schwarz glänzendem, abgestepptem Kunstleder und dem schwarzen Teppich mit langen Fasern kam Lounge-Feeling auf.

Der Kia Soul Searcher sprach Fahrer und Passagiere an, die sich im hektischen Großstadtdschungel entspannen wollten. Sein Innenraum war vom Streben nach innerem Frieden geprägt, einer der Grundideen der koreanischen und ostasiatischen Kultur. Um diese Harmonie auch visuell herzustellen, waren Sitze und Boden mit beige-grauem Filz bezogen, der dem Innenraum eine angenehme, gemütliche Atmosphäre gab. Abgerundet wurde die mobile Wohlfühloase durch den weichen Filz, mit dem die Armaturentafel, Türverkleidungen und Lenkradkranz, das elektrische Faltdach sowie die Blenden an Motorhaube und Heckklappe bezogen waren.

Die Varianten des Souls nahmen nur die Individualisierungsmöglichkeiten vorweg, die auch beim Serienmodell später möglich sein sollten. „Das neue Kia-Serienmodell wird vor allem junge und jung gebliebene Menschen ansprechen. Es wird sich in kein konventionelles Segment einordnen lassen, sondern die Käufer vielmehr dazu ermutigen, eine starke emotionale Bindung zu ihrem neuen Fahrzeug aufzubauen. Denn es bietet ihnen eine Möglichkeit, kreativ zu werden und sich ein Auto zu schaffen, das perfekt zum eigenen Charakter passt", erläuterte Gregory Guillaume, Chefdesigner von Kia Motors Europe, das Konzept.

Kia Soul Searcher

Kia Kee

Peter Schreyer wechselte 2006 zu Kia. Eines seiner ersten Werke war die Studie Kia Kee — ein 4,32 Meter langes viersitziges Sportcoupé, das 2007 auf der Internationalen Automobil-Ausstellung in Frankfurt (IAA) erstmals der Öffentlichkeit vorgestellt wurde.

Doch das Konzeptfahrzeug war weit mehr als eine effektheischende Spielerei. Mit dem Kee unterstrich der südkoreanische Autobauer seine Ambitionen, international in allen Segmenten vertreten zu sein. „Diese Sportcoupé-Studie ist ein deutliches Zeichen dafür, dass die Marke Kia in Zukunft ganz neue Kundengruppen ansprechen und überraschen wird. Entscheidend bei diesem Aufbruch zu einem neuen Kia-Design war, dass wir nicht die Tatsache aus den Augen verloren haben, dass Kia auch weiterhin für breite Käuferschichten attraktiv sein will. Es wäre leicht gewesen, in Frankfurt ein extremes Superauto zu präsentieren, das viel Aufmerksamkeit erregt, aber für das in der Zukunft von Kia kein Platz ist. Unsere Sportcoupé-Studie ist weit mehr als nur eine Träumerei", erklärte Kia-Chefdesigner Peter Schreyer 2007 die kommende Philosophie der Designstrategie.

Die Handschrift des gebürtigen Bad Reichenhallers zeigte sich vor allem an der imposanten Front, deren Kühlergrill bereits die Doppeltrapezform hatte. Dieses Designmerkmal, das bald den Spitznamen „Tigernose" erhalten würde, sollte in Zukunft prägend für alle Kia-Modelle werden. Trapezformen fanden sich überall im und am Auto wieder: oben an der Windschutzscheibe, im Innenraum auf dem Armaturenbrett und auch am Heckdiffusor unterhalb der beiden Auspuffendschalldämpfer. Auffällig bei der markanten Front war außerdem das LED-Band, das sich jeweils von den Innenseiten der Scheinwerfer ohne Unterbrechung bis zur unteren Frontschürze zog und dabei auch die Lufteinlässe umrahmte.

„Unsere Sportcoupé-Studie ist weit mehr als nur eine Träumerei."

Peter Schreyer, Kia-Chefdesigner, 2007

Formell nahm das Konzeptfahrzeug Kia Kee auch Anleihen bei berühmten Sportcoupés — das zeigte sich schon an der abgeflachten Fahrerkabine und dem Heck mit den beiden außenliegenden Schlussleuchten. Auch im Innenraum offenbarte sich die neue formelle Richtung. Die Innenausstattung war sportlicher gehalten als bisher, was man auch an den Rundinstrumenten und dem griffigen Lenkrad erkennen konnte. Das Bedienkonzept setzte auf simple Anwendbarkeit, bei den Materialien schmeichelten einige eloxierte Applikationen dem Auge des Betrachters.

Angetrieben wurde der Kee von einem 200 PS starken 2,7-Liter-V6-Benziner. Als Getriebe kam eine Sechsstufenautomatik zum Einsatz. Wie es sich für einen Sportwagen gehört, leitete das Getriebe die Kraft des Motors auf die Hinterachse.

Kia Kue

Der Kia Kue ist ein SUV-Coupé der besonderen Art.

Vorgestellt wurde die Studie eines dynamischen Offroaders 2007 auf der North American International Auto Show (NAIAS). Damit das sportliche Aussehen nicht zur Maskerade mutierte, hatte der Kia Kue auch gute Argumente unter der Motorhaube — und zwar acht! Ein Achtzylindermotor mit 4,6 Litern Hubraum und Kompressor generierte 400 PS und 542 Newtonmeter maximales Drehmoment. Kraft war bei dem Konzeptfahrzeug also genug vorhanden. Damit diese auch auf die Straße kam, verfügte das 4,72 Meter lange SUV-Coupé über einen permanenten Allradantrieb, der ausreichend Traktion garantierte. Als Getriebe war eine Fünfgangautomatik mit einer sequentiellen Schaltoption verbaut. Die Crossover-Studie hatte zudem eine selbsttragende Karosserie und stand auf 22-Zoll-Rädern.

Beim Kia Kue lag der Fokus damit nicht nur auf der SUV-typischen Variabilität und dem Ausnutzen des Raumes, sondern auch auf möglichst agilen Fahrleistungen. Daher war es im Grunde schon eine Notwendigkeit, einen potenten, großvolumigen Motor in die Studie einzubauen. Auch beim weiteren Design gingen Tom Kearns, Chefdesigner von Kia Motors America, und seine Mannschaft keine Kompromisse ein. „Gutes Design darf nicht gewollt wirken. Die künftige Richtung des Kia-Designs wird sich an die ‚Weniger ist mehr'-Philosophie halten, aber dennoch durch den Mut und das klare Bekenntnis zum eigenen Profil geprägt sein", so Kearns. Dazu passte, dass das Fahrzeug einen Radstand von 2,90 Metern hatte.

Ganz besonders positiv machte sich dieser bei den Überhängen des Kia Kue bemerkbar, die dank des großen Radstands nur sehr gering ausfielen. Kombiniert mit den breiten Radkästen gab dieses Design dem Kia Kue eine sehr gute Basis für eine gelungene Formensprache. Die Kia-Designer nahmen diese Vorgaben auf und entwickelten daraus die sportlich-dynamische Studie: Die Frontscheinwerfer etwa ragten bis in die vorderen Kotflügel hinein, in der Frontschürze befand sich jeweils eine Lichtleiste. Das Fehlen der B-Säule gab der coupéhaft gewölbten Dachlinie durch die größere Fensterfläche noch mehr Dynamik. Da passte es natürlich auch gut ins Bild, dass der Einstieg eine vorne angeschlagene Flügeltür war und einen bequemen Zugang zum Innenraum ermöglichte. Gleiches galt für den Gepäckraum: Um an ihn zu gelangen, musste man lediglich zwei mittig angeschlagene Glastüren öffnen.

Dabei hatten es die Passagiere, die in vier maßgefertigten Schalensitzen Platz nehmen konnten, sehr bequem. Die Farbgebung im Innenraum setzte auf dunklere Töne und Hightech: Das Bedienfeld in der Mittelkonsole konnte sowohl vom Fahrer als auch vom Beifahrer bedient werden. Die Steuerung solch wichtiger Elemente wie der Klima- und Musikanlage erfolgte per Touchpad sowie Motion-Sensing-Steuerung. Je nach Bedarf und Fahrer konnte das Bedienfeld so maßgeschneiderte Oberflächen anzeigen — für den einen wurden etwa die Regler der Audioalage eingeblendet, für den anderen die Bedienhilfen für die Klimaanlage.

Kia KND-4

Bei dem Begriff „Kompakt-Sports-Utility-Vehicle" in Verbindung mit dem Namen Kia dürfte es bei den meisten Autofans klingeln. Denn alles, was so bezeichnet wird, deutet in irgendeiner Weise auf das Erfolgsmodell Sportage hin. Deswegen gingen die Reaktionen der Automobil-Fachwelt, als die Studie KND-4 auf der Seoul Motorshow 2007 präsentiert wurde, alle in eine Richtung: „Hier deutet Kia den neuen Sportage an."

Die Parameter des Konzeptfahrzeugs unterstützten natürlich diese Annahme: Der Dreitürer (inklusive Heckklappe) hatte die damals neueste Variante des elektronisch gesteuerten Allradantriebes von Kia verbaut. Ein ATT-System (Active Torque Transfer) leitete auf rutschigem Untergrund in Bruchteilen von Sekunden automatisch die Antriebskraft an die Räder mit der besten Traktion. Damit es auch auf dem Asphalt schnell genug voranging, kam als Motor ein 2,2-Liter-Dieselmotor mit variabler Turbinengeometrie (VGT) zum Einsatz. Der Name des KND leitete sich vom Entwicklungsort der Studie ab. Die wurde nämlich im Kia Namyang Designzentrum (KND) entwickelt.

Vor allem die Front gab schon einen (wie man heute weiß) recht realistischen Ausblick auf das kommende Gesicht des Kia-Kompakt-SUV mit seinem „grinsenden" Kühlergrill, der direkt in die LED-Scheinwerfer überging. Das Design des 4,47 Meter langen, 1,86 Meter breiten und 1,60 Meter hohen SUV ging weg von der brachial-rustikalen Formensprache der bisherigen Offroader — hin zu mehr fließenden, dynamischen Linien, die auf den Flaniermeilen der Städte ein Hingucker waren. Damit griff auch Kia den Trend auf, dass sich Geländewagen immer mehr zu einem massenkompatiblen Produkt entwickelten.

Die Kia-typische Dynamik fand sich in allen Elementen wieder: angefangen von der A-Säule über die markante Schulterlinie und die muskulös geformten Radhäuser bis hin zur C-Säule, die ebenso wie ihr vorderes Pendant Bewegungsfreude ausdrückte. Auch die kurzen Überhänge vorne und hinten fand man bisher eher bei Sportwagen. Verstärkt wurde der optische Vorwärtsdrang zudem durch die ansteigende Fensterlinie und die imposanten 20-Zoll-Räder mit Niederquerschnittsreifen der Größe 245/40 R20. Das Heck mit den LED-Rückleuchten und der sich über die gesamte Wagenbreite erstreckenden Heckscheibe bildete den passenden Abschluss des Konzeptfahrzeugs.

Im Innenraum ging es beim KND-4 ziemlich futuristisch zu. Metalloberflächen auf dem Boden, an der Armaturentafel und in den Türverkleidungen sowie eine indirekte Beleuchtung (die von diesen Flächen reflektiert wurde) schufen ein ultramodernes Ambiente. Die Technik ließ ebenfalls weit in die Zukunft blicken: Zentrales Element der Mittelkonsole war ein extrem dünner Bildschirm mit sehr hohen Kontrastwerten, der auch einen weiten Blickwinkel auf die Anzeige zuließ. Möglich war dies durch die Verwendung von hochmodernen AMOLED-Leuchten (Active Matrix Organic Light Emitting Diode).

Neben diesen avantgardistischen Details bot die Studie weitere Features, die bisher der Kompaktklasse verwehrt geblieben waren. Dazu gehörten die Bluetooth-Anbindung des Handys, eine integrierte Festplatte für das Audiosystem und die Steuerung über Multifunktionstasten am Lenkrad. Und wer wollte, konnte sich auch eine Blue-Ray-Disc anschauen.

Kia ex_cee'd

Kia und Cabrio? Das wollte bis zum Jahr 2007 noch nicht so recht zusammenpassen. Außer dem Kia Roadster, der auf dem Lotus Elan basierte, hatten die Koreaner bis dahin keine Ambitionen gezeigt, ein Auto mit abnehmbarem Verdeck zu bauen.

Beim Genfer Auto-Salon 2007 war daher das Erstaunen des Publikums groß, als Kia mit der Studie ex_cee'd ein Cabrio in das gleißende Scheinwerferlicht stellte. Verantwortlich für dieses Coupé war der neue Designchef Peter Schreyer, der Kia noch massenkompatibler machen sollte. Insofern war das schmucke Cabrio auch ein Symbol für die Möglichkeiten des koreanischen Autobauers, sich weitere Märkte und Nischen zu erschließen. Schon mit der grundsätzlichen Entscheidung, ein traditionelles Stoffdach anstelle der damals favorisierten Klappdächer zu verbauen, schwamm der neue Chefdesigner Peter Schreyer gegen den Strom. „Ich bin sicher, dass das Stoffverdeck eine Renaissance erleben wird. Wir leben schon lange mit der romantischen Idee des Open-Air-Fahrens, und für mich ist das Stoffdach der Schlüssel zu einem wirklich erfüllenden Cabrio-Erlebnis", erklärte Schreyer bei der Präsentation.

Zum Großteil basierte das Konzeptfahrzeug auf dem damals aktuellen Kia cee'd, dessen Produktion ab Dezember 2007 startete. Daher waren der Radstand und die Bodengruppe sowie einige weitere technische Komponenten identisch. Die sportliche Keilform und die extravagante Farbkombination des Fahrzeugs verliehen der Studie ein ganz besonderes Flair: Während die Karosserie in ‚Meringueweiß' lackiert wurde, war der Farbton des elektrischen Stoffverdecks ‚Zartbitter'. Beide Farben wurden im Interieur wieder aufgenommen und weiterverwendet.

Trotz aller kulinarischen Assoziationen drückte der Anblick des Cabrios Athletik aus. Das lag zum einen an den 19-Zoll-Reifen und den Felgen mit den glänzenden fünf Speichen und zum anderen an sportlichen Details wie den ausgeprägten Seitenschwellern, den ausgeformten Radhäusern und der Verwendung von Chrom. Elemente wie die Lufteinlässe vorne, die Türgriffe, die Streben an den Außenspiegeln sowie die beiden eckigen Endrohre des Auspuffs glänzten metallisch.

Da der Vorderwagen zum größten Teil identisch mit dem des Kia cee'd und pro_cee'd war, konnte man auch auf die Motorenpalette der Brüder zurückgreifen. Also waren auch bei der Cabrio-Studie Triebwerke der „Gamma"-Baureihe denkbar, die über eine variable Ventilsteuerung verfügten. Alle Aggregate hatten eine Multipoint-Einspritzung, zwei obenliegende Nockenwellen und eine kontaktlose Zündanlage. Aber natürlich waren auch die modernen Diesel mit elektronisch gesteuerten Turboladern inklusive variabler Turbinengeometrie und eine Bosch-Common-Rail-Einspritzung eine Option.

Kia Koup

Auf der New York International Auto Show (NYIAS) 2008 präsentierte Kia die Studie Koup.

Die Intention, die mit diesem Konzept eines zweitürigen Coupés verbunden war, brachte Tom Kearns, Chefdesigner von Kia Motors America (KMA), auf den Punkt. „Die Studie Kia Koup repräsentiert die Zukunft der Marke Kia und ihrer dynamischen Fahrzeuge. Wir wollen damit leidenschaftliche Fahrerinnen und Fahrer ansprechen, die einerseits offen sind für Abenteuer und andererseits Wert auf zukunftweisendes Design und modernste Technologien legen."

Bei einem Zweitürer ist die Formensprache natürlich entscheidend. Im Falle des Koup, der einen Ausblick auf sportliche Fahrzeuge gab, die für den nordamerikanischen Markt bestimmt waren, setzten die Schöpfer auf klare, elegante Linien. Den Designern der Konzeptstudie waren die ausgewogenen Proportionen des 4,49 Meter langen, 1,85 Meter breiten und 1,43 Meter hohen Sportlers wichtig — also keine ultralangen Überhänge oder ein zu betontes Heck. Die Studie sollte optisch wie aus einem Guss erscheinen — das ging schon von der Front mit dem zweigeteilten Kühlergrill und den schmalen Scheinwerfern aus, die bis in die vorderen Flanken reichten. Das LED-Tagfahrlicht sollte der Studie zusätzliche Präsens auf der Straße verleihen. Bei aller Eleganz kam auch die Sportlichkeit nicht zu kurz: Der untere trapezförmige Lufteinlass schien die Luft fast einzusaugen und war flankiert von seitlichen Luftkanälen, die (wie im Rennsport üblich) die Bremsen kühlten.

Die Flanke des Koup spielte ganz bewusst mit den klassischen Designelementen eines Coupés:
Im unteren Bereich dominierten deutlich sichtbare Seitenschweller und breite Radläufe. Das Panoramadach mit der abfallenden Linie traf sich über den Kofferraumdeckel mit der Schulterlinie an der markant ausgeformten Kante des Hecks, das auch einen aerodynamischen Zweck erfüllte. Bei einem modernen Coupé spielt natürlich auch der Leichtbau eine wichtige Rolle. Deswegen waren einige Teile aus Carbon gefertigt. Zu diesen gehörten der Frontspoiler, die Scheinwerfereinfassungen, der Kühlergrill, beide Außenspiegel sowie der hintere Stoßfänger und der auffällige Diffusor zwischen den beiden Auspuffendrohren.

Bei soviel nach außen getragener Dynamik musste der Motor das optische Versprechen erfüllen. Das kraftvolle Herz des sportlichen Zweitürers war ein 290 PS starker Zwei-Liter-Benziner aus der „Theta II"-Baureihe. Das Vollaluminiumtriebwerk war entsprechend mit modernster Technik ausgestattet, in diesem Fall also einem Twin-Scroll-Turbolader und Direkteinspritzung. Damit schaffte das Aggregat ein maximales Drehmoment von 392 Newtonmeter, das zwischen 2.000 und 4.000 U/min lag.

Auffälligstes und auch beeindruckendstes Element im Innenraum waren die drei holographisch anmutenden Rundinstrumente, die sich in tiefen Röhren befanden. Flankiert wurden die sportlichen Anzeigen von einem griffigen Lenkrad und bequemen Schalensitzen. Wie es sich für einen reinrassigen Sportler gehört, konnten die Fahrstufen der Sechsgangautomatik auch mit Schaltwippen eingelegt werden. Das Ergebnis der Studie Kia Koup kann man heute auf den nordamerikanischen Straßen bestaunen: als Serienmodell des Kia Forte.

Kia N°3

Im Laufe des Jahres 2008 verdichteten sich die Gerüchte, dass Kia demnächst mit einem Minivan in den Markt einsteigen würde.

Etliche Erlkönigfotos machten die Runde, doch die Designphilosophie des Kia-Neulings blieb im Verborgenen. Bis zum 79. Genfer Auto-Salon. Dort zeigte Kia mit der Studie Kia N°3, wie ein kommendes MPV (Multi Purpose Vehicle) aussehen könnte. Wie sich nur wenig später herausstellen sollte, gab die Studie schon einen ziemlich genauen Ausblick auf das kurz darauffolgende Serienmodell.

Die Studie hatte wie der Venga einen sehr peppigen Auftritt. Das lag auch an der knackigen Silhouette mit den kurzen Überhängen und dem langen Radstand von 2,62 Metern. Damals wie heute für einen Minivan ein beeindruckender Wert, der sich natürlich in großzügigen Platzverhältnissen niederschlug.

Das Design des 4,05 Meter langen Raumwunders trug unverwechselbare europäische Züge und zeigte mit dem trapezförmigen Kühlergrill, den großen Scheinwerfern und den kraftvollen Stoßfängern die unverkennbaren Linien des Kia-Markengesichts. Diese Bewegungsfreude wurde durch die ansteigende Fensterlinie und im Zusammenspiel mit dem leicht abfallenden Dach noch mehr unterstrichen. Die dynamische Silhouette, die sinnbildlich für die nächste Kia-Generation war, wurde vom Chief Designer Gregory Guillaume im Kia Design Center Europe in Frankfurt am Main unter der Leitung von Chief Design Officer Peter Schreyer umgesetzt.

Das zeigte sich auch an den charakteristischen Rückleuchten, die bis in die hinteren Kotflügel reichten. Durch die Breite von 1,76 Meter und die — für einen Minivan — relativ geringe Höhe von 1,60 Metern stand die Studie auf 19-Zoll-Rädern und den markanten schwarzlackierten Felgen im Y-Design kräftig da. Wie schon bei verschiedenen Kia-Konzeptautos hatte auch der Kia N°3 eine schrägstehende Frontscheibe, die in ein Glasdach überging. Eine diagonale Dachverstrebung unterbrach den scheinbar halterlosen Verlauf der Glasfläche und sorgte für fast schon greifbare Spannung. Hier wurde klar, was Gregory Guillaume damit meinte, als er die Kia Studie N°3 als „emotional attraktiv" einstufte.

Gerade das Bedienen der Emotionalität ließ eindeutig erkennen, in welche Richtung sich das Kia-Design weiterentwickeln sollte. Im Innenraum setzte sich dieser Ansatz fort. Die Sitzposition war leicht erhöht und das Gestühl mit goldenen Bezügen versehen, die die akzentuierten Rückenlehnen und Sitzflächen noch weiter betonten. Bei aller Designkunst zeigte auch schon die Studie Kia N°3 einige Elemente, die heute die Variabilität des Kia Venga definieren. So war die Rückbank asymmetrisch teilbar und zudem noch in der Längsrichtung verschiebbar. Wer wollte, konnte die Neigung der Lehnen verstellen. Legte man die Lehnen ganz um, entstand ein ebener Ladeboden. Im Cockpit sorgte der Kontrast von hochglänzendem Weiß und Schwarz lackierten Flächen für eine positive Spannung. Schon bei dieser Studie legte Kia ein besonderes Augenmerk auf eine solide Verarbeitung, hochwertige Materialien und Hightech-Bedienelemente.

Kia Soul'ster

Was ergibt die Kreuzung aus dem Kia Soul und einem Pickup-Truck?

Die Antwort zeigte Kia auf der NAIAS (North American International Auto Show) im Januar 2009. Der Soul'ster hatte die Front des markanten Crossovers, das Heck eines typisch amerikanischen Pickup-Trucks und das abnehmbare Dach eines Roadsters. Die Zielgruppe der Studie war klar: freizeitorientierte, aktive und sportliche Menschen, die gerne ihr Mountainbike oder das Surfbrett packen und in die Natur fahren. Die Kabine des Soul'sters bot hierfür vier Personen Platz. Sein geteiltes Dach war in zwei Stufen entfernbar, sodass sich entweder die Passagiere der vorderen, der hinteren oder auch beider Sitzreihen den Wind durch die Haare wehen lassen konnten. Ein ganz besonderes Detail beinhalteten die zwei Bügel, die sich bis zum Heck der außergewöhnlichen Studie zogen: In ihnen waren die Gleitschienen für das Dach integriert.

Die andere Seite des Soul'ster war seine Robustheit, die aber ihrerseits mit edlen Details garniert wurde. Dazu zählte beispielsweise der eloxierte Einsatz im vorderen Unterbodenschutz, der die gleiche Farbe hatte wie die Felgen und Lufteinlässe an der Flanke des Fahrzeugs. Zu den charakteristischen Merkmalen des Soul'sters gehörten auch das bernsteinfarbene Tagfahrlicht unterhalb der Scheinwerfer sowie die blau leuchtenden Elemente an den Scheinwerfern und Nebelleuchten, an den seitlichen Lufteinlässen in den vorderen Kotflügeln sowie an den Blinkleuchten in den Außenspiegeln. Das Heck stand der Front in nichts nach: Die beiden Endrohre der doppelflutigen Auspuffanlage waren verchromt, die Auspuffblenden mit poliertem Aluminium überzogen.

Abgesehen von der in einem leuchtend orangefarbenen Ton lackierten Karosserie fielen bei der Seitenansicht zunächst die massiven 19-Zoll-Leichtmetallfelgen ins Auge. Auch die Frontscheibe war kürzer als beim Serien-Soul, was dem Pickup-Roadster eine sportlich-geduckte Silhouette verlieh. Der Innenraum unterschied sich insofern vom regulären Soul, als dass seine Passagiere auf vier Einzelsitzen entspannen konnten. Damit die Bestuhlung auch jedweder Anforderung gerecht werden konnte, waren alle Sitze (außer dem Fahrersitz) umklappbar. Dabei schienen die Vordersitze aufgrund einer raffinierten seitlichen Aufhängung geradezu schwerelos über dem Boden zu schweben. Ein weiterer positiver Effekt dieser Konstruktion war, dass die Fondpassagiere mehr Beinfreiheit hatten, da sie ihre Füße unter den Vordersitzen platzieren konnten.

Der gesamte Innenraum des Soul'sters war dem Diktat des Designs unterworfen. Das zeigt sich zum Beispiel an den Fensterheberkurbeln. Sie unterschieden sich von den gewohnten Mechanismen dadurch, dass sie sich in einem vorgegebenen kreisrunden Rahmen bewegten, der eine Verlängerung des Türgriffs war. Das Element der grauen Streben zog sich dabei durch das gesamte Interieur. Neben diesen optischen Kunstgriffen bot der Soul'ster auch noch jede Menge Ablagen.

So befanden sich unter den beiden Rücksitzen geräumige Fächer, weiterer Stauraum war in die Seite und den Boden des Gepäckraums integriert. Die Motorenpalette orientierte sich dagegen komplett an der des Serien-Soul.

Kia POP

Reine Elektromobile werden hauptsächlich in urbanen Gegenden zum Einsatz kommen. Das ist der Konsens der Zukunftsforscher.
Dass pragmatische Stromer durchaus attraktiv sein können, zeigte Kia auf dem Pariser Autosalon 2010 mit der zukunftweisenden Studie Kia POP.

Obwohl der POP weniger als drei Meter lang war, passten drei Passagiere in den schwungvollen gestalteten Stadtflitzer. Das war vor allem durch den absichtlich minimalistisch gehaltenen Innenraum mit dem sehr schmalen Armaturenbrett möglich. Anstelle einer Schalter-, Knopf- und Hebelarmada war die Bedienung des POP auf das Wesentliche reduziert. Vor dem Fahrer informierte eine Plexiglasscheibe mit Hightech-OLED (Organische LED) über Ladezustand und alle anderen wichtigen Daten. Bei Bedarf war die Anzeige komplett durchsichtig. Das Ergebnis dieser schicken und platzsparenden Bauweise: Fahrer und Beifahrer teilten sich eine Sitzbank, ein weiterer Passagier fand im Fond bequem Platz. Der Radstand betrug 2,05 Meter.

Das Interieur war komplett in Violett gehalten und visualisierte den Begriff „poppige Farbe" damit perfekt. Lediglich die schlanke, von glänzendem Chrom eingefasste Lenksäule setzte einen Kontrapunkt. Durch das große Glasdach drang viel Licht in den Innenraum und verschaffte den Passagieren so ein besonderes Wohlfühlerlebnis. Das setzte sich auch beim Anblick von außen fort: Die tropfenförmige Linienführung mit der steil abfallenden Frontscheibe war nicht nur verbrauchsgünstig, sondern sah auch schnittig aus. Die Symbiose aus formschöner Aerodynamik und Triebkraft zeigte sich auch bei den kurzen Überhängen. Die stark ansteigende Seitenlinie, die futuristischen Felgen und die ebenso zukunftsweisenden scharf konturierten Scheinwerfer rundeten den Auftritt des POP ab. Die geschlossene Frontschürze zeigte den Umriss des Tigernose-Kühlergrills.

Doch der POP sah nicht nur gut aus, sondern überzeugte auch durch seine Fahrleistungen: Die Höchstgeschwindigkeit betrug 140 Stundenkilometer, die Reichweite bis zu 160 Kilometer und innerhalb von sechs Stunden war die Lithium-Ionen-Batterie geladen. Angetrieben wurde der POP durch einen E-Motor, der 60 PS leistete und ein Drehmoment von 190 Newtonmeter hatte.

Kia Naimo

Entsprechend der Kia-Studie des POP gab es im Heimatland Korea ebenfalls eine Elektrostudie, den Naimo.

Auch bei diesem Elektrokleinwagen, der auf der Seoul Motor Show 2011 erstmals der Öffentlichkeit gezeigt wurde, war der Name Programm — das koreanische Wort Ne-mo bedeutet ‚quaderförmig'. Doch wer das 3,89 Meter lange, 1,84 Meter breite und 1,59 Meter hohe Elektromobil auf ein möglichst symmetrisches Raumkonzept reduzierte, griff zu kurz. Der Naimo wurde von einem Designteam entworfen und sollte zeigen, dass Elektromobilität mehr sein kann als reines Vernunft-Fahren.

Die Gestaltung orientierte sich an klassisch koreanischen Konzepten, wo formelle Einfachheit sich mit raffinierten Detaillösungen zu einer spannungsreichen Symbiose verbinden. Deswegen dominierte auf den ersten Blick auch der Würfel das Erscheinungsbild des Naimo. Die Karosserie war kubisch, ebenso die Front. Spezielle Elemente brachen diese Stringenz der Linien oder zeigten aufwendige Detaillösungen: Das Panorama-Glasdach war asymmetrisch geteilt, statt Scheibenwischern kamen Luftdüsen zum Einsatz.

Kia GT

Auf der IAA 2011 sorgte der Kia GT für Aufsehen. Das lag zum einen an seinem markanten Design und zum anderen daran, dass die extravagante Designsprache auch den Anbruch einer neuen Ära markierte: Kia positionierte sich zunehmend als sportliche Marke.

Erst im November 2010 begannen die Arbeiten an der Studie. Ein unverrückbares Prinzip, das den Designern schon länger durch den Kopf ging, war das einer heckgetriebenen sportlichen Limousine. Diese beiden Parameter waren festgeschrieben. Peter Schreyer begrüßte diese Vorgaben: „Dieses Konzept erlaubt es uns, spannende neue Wege im Design zu gehen. Bei einem Heckantrieb-Layout sind ganz andere Proportionen möglich als bei einem Fahrzeug mit Frontantrieb." Das zeigte sich an den Proportionen des 4,69 Meter langen Fahrzeugs. Sofort fielen die weit nach vorne positionierten Vorderräder, die längere Motorhaube, das fließende „Greenhouse" und ein steil abfallendes Heck ins Auge. Diese Silhouette wurde noch durch eine Kupferleiste verstärkt, die sich vom Ansatz der A-Säule an der Dachlinie entlang bis zur Unterkante der Heckscheibe zog. Sie sollte der hochwertigen Handwerkskunst Ausdruck verleihen und das athletische Profil des Fahrzeugs noch stärker herausstreichen. Entsprechend wurden auch die deutlich sichtbaren Bremssättel mit diesem Material beschichtet. Wie der Name GT (Gran Turismo) schon verrät, sollte die Limousine Dynamik mit Reisekomfort verbinden. Um dieser Intention auch visuell Ausdruck zu verleihen, nahmen die Designer einige Ideen aus der Luft- und Raumfahrt auf: Angefangen bei den propellerartigen mehrteiligen Felgen, die aus Kohlefaser und Verbundstoff bestanden, bis hin zu den Kameras, die die Außenspiegel ersetzten und ihr Bild auf einen Monitor im Cockpit übertrugen. Dazu kamen noch der große Lufteinlass an der Front und der Diffusor am Heck. Auch bei diesem Auto legten Peter Schreyer und sein Team viel Wert auf Details und versahen die Studie mit einer ganzen Reihe von Elementen klassischer GT-Sportwagen — eines davon waren die typischen Ausstellfenster direkt hinter der A-Säule.

Ein weiteres zentrales Thema der Studie war das Licht. Die Frontscheinwerfer bestanden aus sechs tief versenkten LED-Leuchten. Ebenso markant war das Gegenstück am Heck — die durchgehende Rücklichteinheit, die sich quer über die Rückfront bis in die hinteren Flanken hineinzog. Die Leuchtgrafik wurde durch drei senkrechte stabförmige Leuchten links und rechts markiert. Den Innenraum betrat man durch zwei weit aufschwingende gegenläufige Türen. Die einteilig geschwungenen Schalensitze waren an Stützen befestigt und schienen geradezu über dem Boden zu schweben. Auch die Informationseinheit der Mittelkonsole hob sich im wahrsten Sinne des Wortes vom unteren Teil ab. Die Instrumente bekamen durch die drei OLED-Schichten (organische Leuchtdioden) eine ganz besondere Tiefe. Dabei waren die Anzeigen gestochen scharf.

Für die Kia-Designer war es wichtig, dem Publikum kein abgehobenes Showprojekt zu präsentieren. Deswegen verbauten sie auch einen aktuellen Motor der „Lambda"-Serie im Fahrzeug. Der 3,3-Liter-T-GDI (Turbobenziner mit Direkteinspritzung) schaffte 395 PS, hatte eine Achtgangautomatik und generierte ein Drehmoment von 534 Newtonmeter.

Kia Track'ster

Die Frage, wie ein stark motorisierter Kia-Soul-Zweitürer aussehen könnte, wurde auf der Chicago Auto Show 2012 beantwortet. Der Name: Kia Track'ster.

Wo beim Soul eigentlich die Rückbank ist, befanden sich ein Ersatzrad und deutlich gekennzeichnete Ablagen für Werkzeug, Helme und Rennanzüge. Die Frontreihe beeindruckte mit schwarz-roten Sportsitzen, bei denen die Mittelbahn in Veloursleder gehalten war. Ansonsten orientierte sich das Cockpit mit den roten Einsätzen an dem Interieur des Kia Soul.

Die Front wurde durch zwei riesengroße LED-Lichter dominiert, die als Nebelscheinwerfer fungierten, aber eigentlich aussahen wie zwei große Diamanten. Dass in den mächtig ausgeformten Radhäusern 19-Zoll-Räder mit verchromten Felgen steckten, gehörte bei einem Konzeptfahrzeug ja fast schon zum guten Ton — genauso wie der ebenso verchromte Seitenschweller, der vor dem Hinterreifen einen Lufteinlass für die Kühlung der Bremse hatte. Auch bei den Abmessungen hob der Kia Track'ster die ohnehin schon markante Gestaltung auf eine höhere Stufe. Der Radstand war etwas länger als der des Kia Soul. Zudem wurde das gesamte Konzeptfahrzeug über zehn Zentimeter länger als die Serienversion des Kia Soul. Der Größenzuwachs kam dabei durch die knackigere Front und das charakteristische Heck des Kia Track'ster zustande.

Der bärenstarke Zwei-Liter-Vierzylindermotor schaffte 250 PS. Geschaltet wurde mit einem manuellen Sechsganggetriebe. Damit die Spitzengeschwindigkeit, die sich jenseits der 200 Stundenkilometer bewegt haben dürfte, auch beherrschbar blieb, waren kräftige Brembo-Bremsen verbaut.

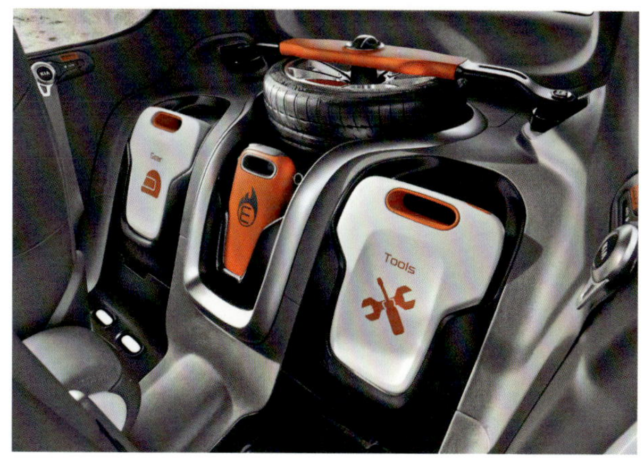

Kia provo

Ein stylischer Flitzer mischt die Klasse der Kleinwagen auf.

Die Studie, die auf dem Genfer Auto-Salon 2013 das Licht der Öffentlichkeit erblickte, trug den Namen Kia provo. Damit war eigentlich schon alles gesagt: Mit den frech in die Landschaft blitzenden schmalen LED-Scheinwerfern wollte der 3,88 Meter lange wendige Renner am Thron des Lifestyle-Stadtrenner-Establishments rütteln.

Das kleine Konzeptfahrzeug zeigte alle Attribute, die einen Kia so attraktiv machen, bot aber gleichzeitig auch eine Evolution der von Peter Schreyer vor Jahren angestoßenen Design-Revolution. Der Kia provo trug stolz die Tigernase, die allerdings schmaler und damit noch sportlicher geformt war als jene Variante, die in den aktuellen Kia-Modellen zu finden war. Den dynamischen Eindruck rundete der untere Teil des Kühlergrills ab. Die Leuchtschlitze waren einzeln ansteuerbar.

Die A-Säulen waren scheinbar verschwunden und verliehen der Fenstergrafik (die ohne B-Säule auskam) einen Schwung, der sich durch das ganze Auto zog. Das Heck, eingeleitet durch die breite C-Säule, nahm die Formensprache der Front auf und transferierte sie auf das schmale Rückleuchtenband. Als Pendant zu dem großen Lufteinlass vorne wirkte ein auffälliger verstellbarer Diffusor, der von zwei mächtigen Auspuffrohren flankiert wurde. Er war ebenso wie die Türen, Hauben und die mit Aluminium garnierten Applikationen im Innenraum aus Carbon gefertigt.

Ein visuelles Erlebnis waren auch die Vordersitze, die aus einem Stück gearbeitet wurden und sich wellenförmig von einer Tür zur nächsten ausbreiteten. Ihre gesteppte schwarze Lederoberfläche gab dem ganz in Schwarz gehaltenen Innenraum eine besondere Note. Die im Fahrzeug verbauten Rundinstrumente waren digital und wurden durch zahlreiche verchromte Applikationen betont.

So offensiv und up to date der provo war, so zeitgemäß präsentierte sich auch sein Antriebskonzept. Die Kraftquelle der Kia-Studie war ein sogenanntes „Smart 4WD"-Hybridsystem, das einen 204 PS starken 1,6-Liter-Turbo-GDI-Benziner mit einem Elektromotor kombinierte, der 45 PS leistete. Das E-Aggregat trieb die Hinterachse an und konnte zum rein elektrischen Gleiten benutzt werden. Wie bei modernen Autos üblich, wurde bei jedem Bremsvorgang der Akku wieder mit Energie gefüllt. Geschaltet wurde mit einem siebenstufigen Doppelkupplungsgetriebe.

06

Menschen bei Kia

Seit der ersten Stunde

Mitarbeiter seit 20 Jahren

Seit der ersten Stunde

Kia feiert 2013 seinen 20. Jahrestag. Einige Mitarbeiter sind seit der ersten Stunde an Bord. Angefangen hatte es für alle bei der deutschen Lada-Vertretung, die dann in Kia Deutschland mit Standort Neu Wulmstorf aufging. Aus dem wenig ansehnlichen Flachdachbau ging es über die Stationen Bremen, Eschborn bis in die heutige, architektonisch wertvolle Zentrale von Kia Europa. In der Frankfurter Theodor-Heuss-Allee 11 arbeiten in der Firmenzentrale auf zwei der zehn Etagen die 150 Angestellten von Kia Deutschland.

Uwe Labes

„An sich sollte ich den Betrieb meines Vaters übernehmen", erzählt Uwe Labes, „doch dann bin ich bei Kia geblieben — bis heute." Sein Vater war Anfang der 70er-Jahre einer der ersten Toyota-Händler in Deutschland. „Ich wurde in der Schule wegen Toyota als asiatischer Marke oft gehänselt", lacht Labes, „das war ein paar Jahre später mit Kia nicht anders. Die Marke kannte ja keiner. Wer wusste schon, wer Kia war? Bestenfalls hatte man gehört, dass es sich um einen Newcomer aus Asien handelt."

Uwe Labes ist ein offener Typ — ein Automann durch und durch, der Kia lebt wie kaum ein anderer. Nach seiner Ausbildung zum Kfz-Mechaniker und Groß- und Einzelhandelskaufmann, die im Juni 1993 endete, wechselte er in den Aftersales-Bereich und blieb Kia bis heute treu. Die verschiedenen Ortswechsel von Neu Wulmstorf über Bremen und Eschborn bis nach Frankfurt machte der gebürtige Norddeutsche locker mit. „In Norddeutschland gab es doch sonst keinen Autoimporteur. Nördlich von Köln gibt es nichts in der Automobilbranche", erklärt Labes, „und mir hat es bei Kia immer gut gefallen. Da konnte ich doch auch mitgehen."

Heute arbeitet er als Trainer in der Trainings-Akademie von Kia, coacht Händler vor Ort und pendelt zwischen den beiden Trainingscentern in Kronberg und Leipzig sowie der Firmenzentrale in Frankfurt hin und her. Am Wochenende geht es meist zurück in die Heimat nach Hamburg — mit dem Zug. „Früher gab es bei uns nur kurze Wege. Drei Türen weiter und man stand in der Werkstatt", erzählt Uwe Labes. „Wir sind im Laufe der letzten Jahre natürlich unglaublich gewachsen. So etwas wie damals gibt es heute nicht mehr." Fragt man ihn nach seinem Lieblings-Kia, muss Uwe Labes nicht lang überlegen: „Der Kia Optima; in den habe ich mich sofort verguckt. Doch auch der erste Carnival und der Sorento waren enorm wichtig für die Marke."

Petra Wagner

Auch Petra Wagner kann auf eine 20-jährige Geschichte bei Kia zurückblicken. Im März 1991 fing sie in der Betreuung des Händlernetzes bei der deutschen Lada an. Heute arbeitet sie in der Disposition. „Es hat sich im Laufe der zwei Jahrzehnte unglaublich viel getan", so Petra Wagner. „Mittlerweile gibt es einen enormen Automatisierungsgrad. Früher gab es für die Garantiesachen Papieranträge und Disketten; heute wird alles online gemacht. Einfacher und schneller ist es dadurch nicht immer geworden."

1998 ging Petra Wagner fremd: Sie wechselte in einem anderen Job nach Hamburg. Auf einem Ehemaligentreff wurde sie von Kollegen angesprochen, ob sie nicht zu Kia zurückkommen wolle.

Petra Wagner sagte ja und stieg Anfang 1999 wieder bei Kia ein. 2012 wechselte sie intern von der Rechtsabteilung in die Disposition. Ähnlich wie Uwe Labes wurde sie im Laufe der Jahre zur Wochenendpendlerin. „Ich bin von Montag bis Donnerstag hier in Frankfurt und von Freitag bis Sonntag dann bei meiner Familie in Stade", schaut sie auf die vergangenen Jahre zurück. „Gerade in der Bremer Zeit gab es einen engen Mitarbeiterkontakt — abteilungsübergreifend. Wir haben Motorradtouren veranstaltet, oft war der Partner dabei. Das ist in den letzten Jahren verloren gegangen. Badminton, Bowling oder Tennis spielen wir nur noch selten gemeinsam."

Auch Petra Wagner spürt, wie viel sich in den letzten 20 Jahren getan hat: „Kunden und Händler sind viel anspruchsvoller und professioneller geworden", erklärt sie. „Der Kunde kennt alle seine Rechte und mit dem Kunden ist auch der einzelne Händler deutlich gewachsen. Kia ist zudem sehr viel hochwertiger geworden. Das bringt einem auch völlig andere Händler." Der Lieblings-Kia von Petra Wagner? „Der erste Kia Rio war sehr schick. Heute mag ich besonders den cee'd GT."

Thomas Wendegass

„Ich mache seit 20 Jahren den Vertriebsjob, aber dieser ist jeden Tag anders", erzählt Thomas Wendegass. „Ich bin nie auf die Idee gekommen, die Firma zu wechseln. Bei Kia war von Anfang an etwas zu bewegen. Wo gibt es so etwas sonst noch?"

Thomas Wendegass ist bei Kia Deutschland einer der Mitarbeiter, die von Anfang an dabei waren — vor 20 Jahren. „Genau genommen sogar länger", lacht Wendegass, „bevor ich zu Kia wechselte, war ich schon vier Jahre bei Lada Deutschland und bin dann intern gewechselt. Ich habe daher nächstes Jahr im Herbst sogar inoffiziell mein 25-jähriges Jubiläum." Wendegass ist 44 Jahre alt; in den letzten zwei Jahrzehnten hat er bei Kia, verantwortlich im Vertrieb, einiges erlebt. Begonnen hat alles im Berlin der 90er-Jahre. Als einer der letzten DDR-Bürger war Thomas Wendegass Ende der 80er-Jahre offiziell von Ostberlin in den Westen ausgewandert und hatte seine alte Staatsbürgerschaft abgelegt. Er wurde Kfz-Meister bei der Berliner Lada-Vertretung und übernahm dann die Geschicke der Berliner Kia-Lokalität, ehe er bei Kia Deutschland Händler in ihren Regionen betreute.

Der Spielplatz des gebürtigen Berliners ist der Außendienst. Seit Sommer 2013 verantwortet er den neu geschaffenen Bereich West zwischen Rhein-Main und Ruhrgebiet. „Mittlerweile stehen die Händler bei uns Schlange", so Wendegass, „das war in den ersten Jahren natürlich etwas anders. Da hatten wir keinerlei Bekanntheit. Viele haben die Kia-Modelle mit Vertrauen auf die ihnen bekannten Händler und die drei Jahre Garantie gekauft, die wir direkt zum Start angeboten haben." Inzwischen ist Thomas Wendegass von Berlin über Göttingen nach Königstein umgezogen. Sein Lieblings-Kia: „Am vielseitigsten ist der Sorento. Der bietet wirklich alles. Aber mein Lieblingsmodell ist der Kia Optima."

Irma Werner

„Ich bin 1991 aus Kasachstan nach Deutschland gekommen", erzählt Irma Werner, ebenfalls seit 20 Jahren im Hause Kia. Als die studierte Lehrerin keinen Job bekam, wurde sie auf Buchhalterin umgeschult und stieg zunächst bei Lada ein. „Es war schon etwas Tolles, als wir 1993 den ersten Kia auf unserem Hof sahen", erinnert sich Irma Werner. „Der Sephia war so schön und so anders, als wir es von Lada kannten. Ein richtig schickes Auto." Als Kia 1993 in Deutschland startete, arbeitete Irma Werner in der Finanzabteilung und war hier für die Fahrzeugdokumente verantwortlich.

Kia Deutschland hatte seinerzeit nicht einmal 100 Mitarbeiter. „Wir waren zu zweit in der Abteilung und haben große Teile des Tages Fahrzeugbriefe geschnitten. Es war immer unglaublich viel zu tun", blickt Irma Werner zurück. Nach dem letzten Umzug Richtung Frankfurt mit Zwischenstopp in Eschborn ist sie ebenfalls am Wochenende zurück nach Bremen gependelt. „Im Mai 2007 ist mein Mann dann auch nach Frankfurt gekommen", so Irma Werner, „das macht vieles für uns leichter. Beruflich hat sich gerade seit 2003 viel verändert. Früher gab es viele Einzelhändler. Heute sind die meisten Mehrmarkenhändler mit zwei bis drei Marken."

Ihr Lieblingsauto ist der Kia Sportage.

Kia-Händler Rainer Doll

20 Jahre dabei

Mit einer Handvoll Händler startete Kia im Jahre 1993 in Deutschland. Einer von ihnen ist Rainer Doll aus Weinheim an der Bergstraße.

Zwei Schritte in den hell gekachelten Verkaufsraum und das große Plakat empfängt die Kunden in großen Buchstaben: „Willkommen bei Kia — Autohaus Doll."

Der Schauraum ist voll mit Optima, Rio, cee'd und dem neuen pro_cee'd. Firmeninhaber Rainer Doll ist bei Kia ein Mann der ersten Stunde: „Ich war von Anfang an dabei. Begonnen habe ich damals im Oktober 1993 noch in einer umgebauten Tankstelle", erinnert sich der freundliche Firmeninhaber mit dem schmalen Schnurrbart, „Ich war allein und hatte nur einen Monteur für Service und Reparaturen. Das war's. Ich kannte die Marke Kia auch nicht. Aber Autos wie der Sephia waren schon etwas anderes als die Ladas, die ich vorher verkauft habe." Um bekannt zu werden, nahm Rainer Doll die Herausforderung an und machte sich auf zum Kunden. „Zahlreiche Messen und Märkte haben wir mit unseren Autos besucht. Uns kannte damals doch niemand", sinniert Doll. Noch heute ist er auf vielen Veranstaltungen in der Umgebung mit seinen Autos vertreten.

1996 zog das Autohaus Doll ein paar Kilometer weiter in ein junges Gewerbegebiet von Weinheim. An die kleine Tankstelle, in der es seinerzeit als Lada-Händler losging, erinnert heute nichts mehr. Rainer Doll und sein zwölfköpfiges Team bringen mittlerweile pro Jahr 300 bis 400 Autos in Kundenhand. „Am besten laufen bei uns cee'd, Rio und Sportage. Die Produkte haben sich im Laufe der Jahre unglaublich verbessert", lacht der Sportfan, der in der Umgebung von Mannheim und Heidelberg Dutzende von Vereinen unterstützt. „Das ist für mich die beste Werbung. Fußball, Handball, Tennis oder natürlich auch Ringen." So gibt es enge Kontakte zu

Rainer Doll

Vereinen wie dem TVGG Lorsch, dem RSC Laudenbach oder dem bekannten Fußballverein SV Waldhof Mannheim, der sich einst in der Ersten Fußballbundesliga einen Namen machte und mittlerweile in der Oberliga kickt.

Auf den Fotos an der Wand ist der Umzug in die neuen Gebäude zu sehen: Rot eingerahmt stehen ein blauer und ein schwarzer Kia Sportage der ersten Generation vor dem rot-weißen Gebäude. Im Laufe der letzten 20 Jahre hat sich Rainer Doll mächtig vergrößert. Aus den ehemals 1.800 Quadratmetern, mit denen es losging, ist ein modernes Kundencenter mit 3.200 Quadratmetern geworden. Ein Nachbargrundstück wurde gekauft und der Firmensitz mehrfach vergrößert.

„Es hat lange gedauert, bis man die Marke Kia hier in der Region bekannt gemacht hatte. In den ersten knapp zehn Jahren war da nicht viel", erzählt Rainer Doll. „Da war der erste Kia Sorento enorm wichtig. Damals haben die Kunden hier wirklich Schlange gestanden. 14 Leute standen vor meinem Schreibtisch und wollten so einen neuen Sorento - weil der so gut aussah. Das habe ich nie wieder erlebt." Der Einzugsbereich vom Autohaus Doll liegt zwischen 50 und 80 Kilometern. Die zahlreichen Engagements bei Sportvereinen oder ein Werbepartner wie der Pfalz-Komiker Bülent Ceylan halfen, die Marke und das Autohaus bekannter zu machen.

„Es gab natürlich auch schwere Zeiten", ergänzt Rainer Doll, „in der zweiten Hälfte der 90er wurden Modelle wie der Kia Clarus oder der Kia Sportage für viel weniger Geld im Baumarkt verkauft. Oder dann die Kia-Pleite 1997 — da haben wir nicht gewusst, wie es weitergehen könnte." Kurz danach zeichnete ihn der damalige Chef von Kia Deutschland, C.S. Chun, als Vorzeigebetrieb aus. Gerne erinnert sich Rainer Doll auch an einen Trip mit dem Kia Sportage in die afrikanische Wüste. „Heute ist das alles etwas anderes. Die Produkte laufen prima. Gerade die neuen, die Peter Schreyer gemacht hat." Wenn ihm etwas in der Modellpalette fehlt, sind das leichte Nutzfahrzeuge und ein Cabrio: „So etwas ginge hier immer und würde der Marke guttun."

Kia-Händler Josef Reckhaus

Händler aus 1001 Nacht

Vor 20 Jahren begann für Josef Reckhaus das Abenteuer Kia in einem Wüstentraum aus 1001 Nacht. Bis heute ist der Ostwestfale der koreanischen Marke als Händler treu geblieben.

Irgendwo im ostwestfälischen Hinterland zwischen Gütersloh, Rheda-Wiedenbrück und Lippstadt weist einem ein winziges Schild an der Durchgangsstraße den Weg links in ein namenloses Wohngebiet. An parkenden Autos und spielenden Kindern geht es im Schritttempo vorbei zu einem kleinen Wäldchen, bis sich Kia Reckhaus zur Rechten vor einem auftut. „Ich bin seit 33 Jahren selbstständig und habe das Geschäft damals mit meiner Frau Marita hier auf der grünen Wiese aufgebaut", erzählt der gemütliche Westfale in der Strickjacke hinter seinem Schreibtisch sitzend. Die Geschäfte führen zunehmend seine Kinder; doch die Fäden im Autohaus hat der 65-jährige Josef Reckhaus noch immer in der Hand.

Aus der freien Werkstatt wurde im Laufe der 80er-Jahre ein stattlicher Betrieb; erweitert um Lackiererei und Karosserieschlosserei fand Josef Reckhaus 1988 über einen befreundeten Händler den Weg zu Lada Deutschland. „Als ich im Februar 1993 zusammen mit meiner Frau Marita eine Händlerreise nach Dubai gemacht habe, kam der damalige Lada-Chef Carl Dommermuth abends zu mir und sagte, ich werde eine neue Marke vertreten", erzählt Josef Reckhaus noch heute mit strahlenden Augen. „Er hat nicht einmal gefragt, sondern einfach gesagt, dass ich es

Josef Reckhaus

mache. Wir hatten schon einiges getrunken, und ich vertrage nicht wirklich viel. Vom Fabrikat Kia hatte ich noch nie gehört." Vor der untergehenden Wüstensonne Dubais gaben sich die beiden den kaufmännischen Handschlag — der Vertrag war besiegelt.

„Monatelang hatte ich nichts mehr von dieser Sache gehört, bis eines Morgens ein Autotransporter kam und elf Sephia bei mir abladen wollte", wundert sich der Westfale noch heute. „Mir sind fast die Augen rausgefallen." Kurzerhand rief Josef Reckhaus bei Geschäftsführer Carl Dommermuth an und erkundigte sich nach der Lieferung. „Ich hatte keine Preislisten, keine Informationen, rein gar nichts", erzählt er, „ich sollte ein Auto zulassen und dann könne es auch schon losgehen. So habe ich dann abladen lassen und auf die Preislisten gewartet."
In der Woche darauf ließ Reckhaus einen der elf Sephia zu. „Einen weißen, das weiß ich noch wie gestern. Es war an einem Freitag." Bei einem Tag der offenen Tür tags darauf zeigte Reckhaus die Sephia erstmals der ländlich geprägten Bevölkerung von Rheda-Wiedenbrück, Gütersloh und Umgebung. „Montag darauf habe ich den letzten der Sephia, den weißen Vorführwagen, verkauft. Es war unglaublich", blickt Josef Reckhaus zurück, während er seine Tochter Heike anschaut, die mittlerweile in den väterlichen Betrieb eingestiegen ist, „gerade die ersten Jahre waren wirklich unglaublich."

Selbst Kias finanzielle Schwierigkeiten in der zweiten Hälfte der 90er-Jahre und die Übernahme durch die Hyundai-Gruppe waren für das Autohaus Reckhaus kein Problem. „Die Leute hier vertrauen uns. Wir haben einen Einzugsbereich von weit über 100 Kilometern und haben damals natürlich auch gesagt, dass wir für alles geradestehen und sich die Kunden keine Sorgen machen sollen", unterstreicht der Firmengründer. Im Laufe der Jahre kamen immer mehr Kunden, die zuvor nur die freie Werkstatt von Reckhaus genutzt hatten, auch zur Marke Kia. „Das waren und sind tolle Produkte. Modelle wie der Pride sind bei uns gelaufen wie ein Länderspiel", freut sich Josef Reckhaus noch heute, „aber wir haben an sich alles gut verkauft." Gerne erinnert sich Reckhaus zusammen mit seiner Frau Marita an die Händlervorstellung des Kia Sorento 2002 in Göttingen. „Als ich den dort das erste Mal in diesem dunklen Rotmetallic sah, habe ich meiner Frau noch auf der Veranstaltung gesagt, dass ich am Montag gleich 18 Autos bestelle. Keine Ahnung, wie ich auf diese Zahl gekommen bin. Meine Frau hat mich nur für verrückt erklärt und gemeint, da könnte ich ein ganzes Haus von kaufen." Noch am Montag nach der Händlerveranstaltung schlug Josef Reckhaus zu und bestellte die 18 Sorento der Generation I. „Schade, dass die schon bald eineinhalb Jahre Lieferzeit hatten", grummelt der Vollblut-Autohändler noch heute. Doch der Sorento drehte das Markenimage für ihn völlig. Seither sind die Geländewagen von Kia auch im Autohaus Reckhaus sehr beliebt.

07

Kia und Sponsoring

Volldampf voraus

Sport und Kia — das gehört einfach zusammen. Kaum eine andere Marke hat in den letzten 20 Jahren mehr auf die sportliche Karte gesetzt als die Koreaner.

FIFA Confederations Cup 2010

Neue Modelle, innovative Technik und eine geschärfte Designsprache sind nicht alles, um Kia in den nächsten Jahren weiteres Wachstum zu sichern. Insbesondere dem Sportsponsoring kommt national wie international eine zentrale Bedeutung zu. Seit Jahren unterstützt Kia Motors die Verbände FIFA und UEFA mit ihren sportlichen Großereignissen wie Fußballwelt- und Europameisterschaften. Bei der Fußballweltmeisterschaft, die 2002 in Korea und Japan ausgetragen wurde, stieg Kia Motors als Hauptsponsor der FIFA für dieses Weltereignis ein. Zusammen mit der Konzernmutter Hyundai wurde das Engagement mit den Jahren auf die UEFA ausgeweitet. Mittlerweile ist das koreanische Markendoppel auf allen Großveranstaltungen der beiden großen Fußballverbände vertreten — erst jüngst wurde das Sponsoring bis ins Jahr 2022 verlängert. Und auch bei der Fußballweltmeisterschaft der Frauen in Deutschland im Sommer 2011 war Kia als Hauptsponsor in der ersten Reihe.

Fußball ist auch für Kia Deutschland ein beliebtes Betätigungsfeld. In den 90er-Jahren trat Kia unter anderem als Hauptsponsor des damaligen Bundesligisten Hansa Rostock in Erscheinung. Werbestark im Fernsehen vertreten war die Marke in der Saison 2011/2012 auf Sport1 bei der Expertenrunde im Doppelpass und während der Saison 2012/2013 sowie 2013/2014 kooperiert Kia mit Sky unter anderem bei „Sky90 — Die Kia Fußballdebatte“.

Seit über einem Jahrzehnt ist die Marke zudem Hauptsponsor der Australian Open, des ersten Grand-Slam-Tennisturniers des Jahres in Melbourne. Jüngst verlängerte Kia sein 2002 begonnenes Engagement und wird eines der vier wichtigsten Tennisturniere des Jahres in Down Under bis 2018 unterstützen. „Die Dynamik und die Leidenschaft, die wir auf den Tennisplätzen hier in Melbourne erleben, repräsentieren genau das, wofür die Marke Kia steht. Das hat uns dazu bewegt, unsere Bindung an die Australian Open und den Tennissport ständig weiter zu vertiefen", sagte Thomas Oh, Executive Vice President und COO der Kia Motors Corporation. „Wir hoffen, dass das langjährige Engagement von Kia zum enormen Wachstum dieses Turniers beigetragen hat. Und wir sind überzeugt, dass die Verlängerung unserer Partnerschaft diesem großartigen Sportereignis dabei helfen wird, sein Potenzial voll zu entfalten. Sie bietet uns die Chance, unsere Beziehung zu den wohl leidenschaftlichsten Sportfans der Welt weiter zu intensivieren." Auf Andre Agassi, der im vergangenen Jahrzehnt mit Kia kooperierte, folgte mit Rafael Nadal einer der weltbesten Tennisspieler als Markenbotschafter.

Parallel zur Australian Open hat Kia die Kia Amateur Australian Open (KAAO) ins Leben gerufen. Jedes Jahr werden zwischen Mai und September weltweit Vorrundenturniere durchgeführt. Die Sieger fliegen dann jeweils im Januar nach Melbourne zur KAAO und tragen das internationale Finale in der legendären Rod Lafer Arena aus, wo auch die Australian Open stattfinden. Für die deutschen Teilnehmer findet das Finale alljährlich Mitte September im Frankfurter TC Palmengarten statt. Seit Jahren ist die Marke mit den drei Buchstaben außerdem werbewirksam bei medialen Großveranstaltungen wie den X-Games in Asien, den Surfweltmeisterschaften oder der US-Basketballliga NBA vertreten.

Australian Open 2011

FIFA World Cup 2010

FIFA Women's World Cup 2011

UEFA-Fanfest 2012

Bildnachweis

Alle Abbildungen, Texte und Inhalte © Kia Motors Corporation —
mit Ausnahme folgender Abbildungen:

S. 5: Kia-Konzernzentrale Seoul:
© imago/Revierfoto

S. 10: Kia-Europa- und Deutschlandzentrale:
© imago/Hoffmann

S. 13: Kia Motors-Europazentrale:
© imago/Ralph Peters

S. 22, 51, 56, 74, 77, 81, 85, 89, 92, 95:
Logos red dot design award: © Red Dot GmbH & Co. KG, Essen

S. 22, 74, 85, 92, 95:
Logos iF design award:
© iF International Forum Design GmbH, Hannover

S. 22, 56, 77, 95:
Logos Automotive Brand Contest:
© Rat für Formgebung — German Design Council, Frankfurt am Main

S. 74: Auszeichnung J.D. Power Award:
© J.D. Power & Associates, Westlake Village (Kalifornien)

S. 126—127: Luftbilder Autohaus Rainer Doll:
© Bavaria Luftbild Verlags GmbH, Eching

S. 127: Foto Rainer Doll (links unten):
© imago/Marc Schüler

S. 128—130: Aufnahmen Autohaus Reckhaus: © press-inform, München

Impressum

Herausgeber
Kia Motors Deutschland GmbH, Theodor-Heuss-Allee 11,
60486 Frankfurt am Main
www.kia.com
Tel. 0800 777 30 44 (Montag — Freitag von 08:00 — 20:00 Uhr;
kostenfrei im Festnetz der Telekom, ggf. andere Mobilfunkpreise)

Projektleitung
Silke Rosskothen

Autoren
Stefan Grundhoff (Konzept & Buchinhalt),
Wolfgang Gomoll (Modell- und Designtexte)

Verlag
Springer Fachmedien München GmbH, Aschauer Str. 30, 81549 München.
Die Springer Fachmedien München GmbH ist Teil der Fachverlagsgruppe
Springer Science+Business Media.

Satz & Gestaltung
Schmidt Media Design, Plumserjochstraße 7, 81825 München

Druck
Firmengruppe APPL — aprinta druck GmbH,
Senefelderstr. 3-11, 86650 Wemding

ISBN 978-3-89059-196-4